A Kernel of Wheat

BY PAUL YU-KUANG SUN

一粒麥子

念玉真

一九九八年九月十日
玉真榮歸天家周年紀念

愛主順服像耶穌
愛人甘走十架路
地上豈有常存事
惟獨此愛永不朽

一九九七年感恩節
孫保羅撰並書

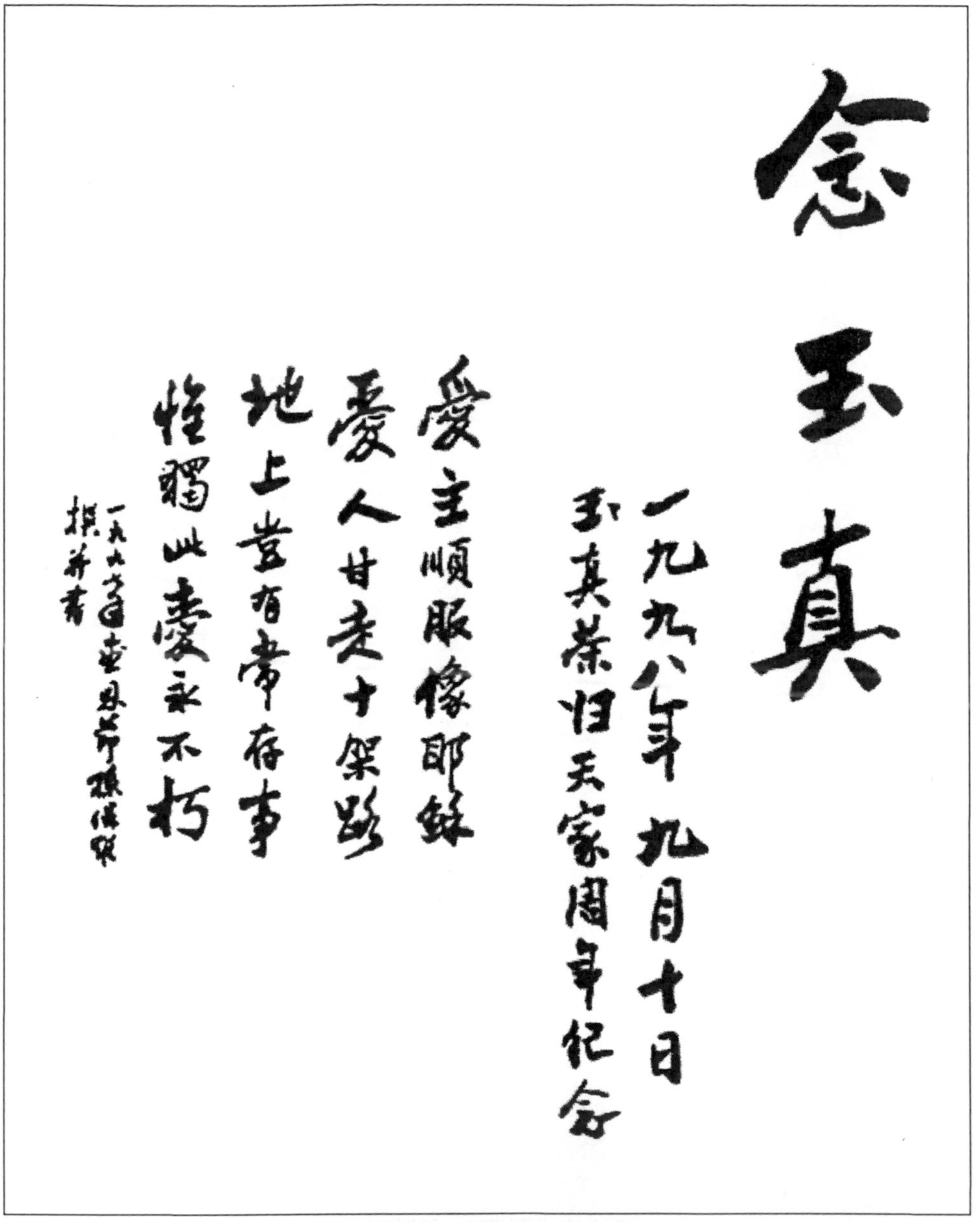
念玉真
一九九八年九月十日
玉真榮归天家周年纪念
愛主順服像耶穌
愛人甘走十架路
地上豈有常存事
惟獨此愛永不朽

孫保羅書法「念玉真」（1998.9.10）

不住認罪
住主光中
被主充滿
映主榮形。

——孫保羅，九八年感恩節

俯伏在地，
敬拜讚美，
背架跟主，
榮主聖名。

——保羅自題

孫保羅書法「神愛世人」（1996年8月）

修訂本序

我的父親孫保羅（原名孫裕光）已於十二年前（二〇〇七年五月九日），以八十八歲的高齡，走完了他的一生。就如我在另一篇文章裡所說，「他走得十分安詳，沒有痛苦的掙扎，沒有彌留之際的囈語，更沒有任何焦慮的跡象。他那平靜的離世經驗正好印證了他多年前曾經寫下的禱文詩句：『主！抱著你的小羊，抱我直到天堂。』直到最後一刻，我一直緊握著父親的手，企圖在剩餘的短暫時光裡，再一次抓住他那我所熟悉的『強韌』之手」。

父親過世後的這些年來，我經常翻看他的舊作《一粒麥子》，以效法父親的靈性生活。《一粒麥子》一書寫於一九九八年，那是父親為了紀念我的母親陳玉真逝世週年而寫的靈修文集，那年父親已經年高七十九，居然以他那雙「強韌」之手，僅僅在三個月的期間就完成了書稿，而且由自己一個人抄稿、校稿、並安排刊印細節，其努力不懈的精神實令人敬佩。當時父親之所以選擇「一粒麥子」為書名，乃是因為他將我母親的一生比成聖經裡所標榜的一粒「落地」的麥子：「一粒麥子不落在地裡死了，仍舊是一粒，若是死了，就結出許多粒子來」（約翰福音12:24）。還記得，父親曾在母親逝世後三天（一九九七年九月十三日）的「家人惜別會」中見證道：「玉真是個平凡的弱女子，但對我來說，她絕不是平凡的。因為她獻上了生命，培植了兒女的生命，如一粒種子落地。她的生命也影響了我的生命，影響了許多人的生命。她不是為自己活。她為耶穌活，她的人生有目標，有使命」。[1]

其實，父親自己的一生也像一粒麥子一樣。在他年輕時，父親曾三次撕破聖經，但他後來完全變了一個人——尤其在晚年，他奉獻自己所有的時間和精力，努力傳講聖經，並盡力幫助年輕人解決信仰上的問題。事實上，他的「重生」有如一粒「落地」的麥子，因為基督徒的生命改變就像種在泥土裡的麥子一樣，它是在經過腐爛、掙扎、分解的變化過程之後，才得以「重生」。但父親經常鼓勵我，一個真正的基督徒不能止於當初的「重生」，他應當不斷努力往前走去、不斷改進自己——就像聖徒保羅所說：「我不是以為自己已經得著了，我只有一件事，就是忘記背後，努力面前的，向著標桿直跑……」（腓立比書，3:13）。

讓我感到特別震撼的是：父親過世後不久，我突然發現，他生前所用過的《一粒麥子》「自用本」（一共有兩本）充滿了他那密密麻麻的增補及修訂，足見他一直在努力改進，而且一直到了生命的最後階段，他似乎尚未完成改訂的過程。（其中一個「自用本」註明是「修訂本」，另一個「自用本」似乎才開始改訂）。尤其是，從父親的許多增補和「更正」的手稿中，我頗能感受到他最後幾年的心路歷程，真可謂「都云作者癡，誰解其中味？」（請見本書的附錄四，「修訂本增補筆跡」的部分）。

---

1 有關我母親在台灣白色恐怖期間，為兒女們所作的犧牲，以及她一生的堅定信仰，父親在一九九七年九月十三日的「家人惜別會」中曾經說道：「幾十年前，當我家突然遭遇變故時，是她一個人，在逼迫、欺侮、重病環境下，堅韌不拔，含辛茹苦，支撐住了這家。她用血與淚換得了三個兒女的今日」；「一九五五年（三十三歲）在重病中，住在二姐家，接受了主耶穌為她救主。從那日（起）四十二年如一日，她對主耶穌始終忠貞不二。她自己見證說：『我不是為要活著才信耶穌，乃是為死了靈魂得救』。……她先帶三個幼兒認識耶穌，後來又領我歸主得救。我家兒女三家，老少三代，全屬耶穌，是玉真的功勞」。

對一個大半生從事文學研究的人來說，這真是研究父親手稿及作品「文本」（texts）的大好機會。所以，近年來我一直盼望能早日把父親的《一粒麥子》修訂本整理出來並出版，但因長期以來在耶魯任教的工作實在太忙碌了，故一拖再拖。直到最近，在一個偶然的機會裡，我很幸運地得到秀威資訊科技股份有限公司的發行人宋政坤先生的大力支持，才終於如願，真令我感恩不盡。同時，我也要向秀威的統籌編輯鄭伊庭女士及副主任編輯杜國維先生致萬分的謝意。

最後，我要向外子張欽次和我的兩個弟弟孫康成、孫觀圻獻上感謝。是他們多年來持續給我的鼓勵和幫助，促成了這個修訂本的完成。尤其是，今年（二〇一九）秋季將是父親的「百年生辰」，我想沒有比《一粒麥子》修訂本的出版更有紀念意義的了。[1]

孫康宜
寫於耶魯大學
二〇一九年五月九日

1 有關「一粒麥子」的深意，請參考以下家父於一九九四年五月一日在馬利蘭州蓋城華人宣道會查經班上的證道。在此我要特別感謝周有恆先生所作的實況錄音。另外，朋友Ron Davis經常為我趕夜工，將家父的演講系列作成Youtubes頻道，也讓我終身難忘。

照片說明：孫保羅（裕光）在國光中學教英文的情景，攝於1973-1974年間。當時他已受洗歸主十年之久。（相片由學生歐陽和生提供）

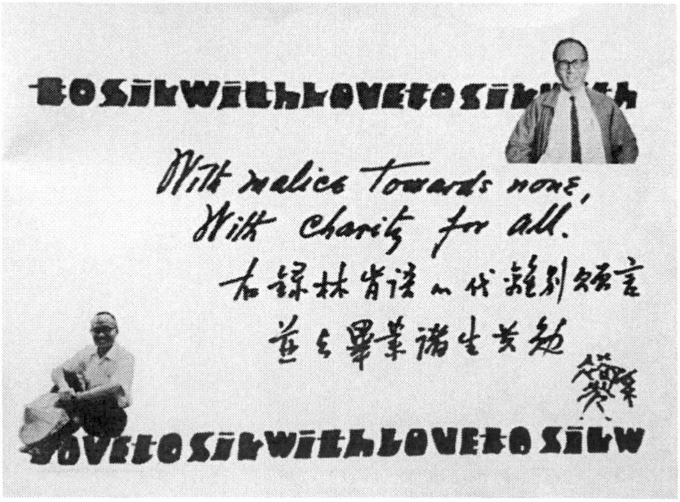

贈語說明：1975年6月孫保羅（裕光）在國光中學的高中畢業紀念冊上，寫給畢業生的贈語。（王偉勛、林娟妃提供）。

原序

我的父親孫保羅多年來在美國各地教會事奉。九五年開始，身體日衰，但他仍堅持每週在主日學或講台上講一次道。有時幾乎昏倒，但他仍照常講。不久前，他突然有個靈感，想把以前講過的，寫一些下來，為要給初信主的基督徒作參考。這本書就是數月以來的成果。

父親曾來信說：「我也是與時間賽跑，若主不許我寫完，將來你把這些稿子拿去吧……」。讀了他的信，又看見他陸續寄來的一篇篇文字，令我既傷感又喜悅。傷感的是，時間的無情；在不知不覺中，生命已慢慢溜走。以他的身體狀況，父親不得不持「分秒必爭」的態度來寫作。今年從四月到七月，他一個人寫稿、抄稿、校稿，其虔誠執著之精神令我感動。另一方面，我很高興看見父親多年來在講台上的言語能「化」為文字。雖然這些文字僅能捕捉其中言語的一小部份，但也算是對生命的一種交待。

我想起我自己九三年寫過的一首詩。當時寫詩只是為了描寫自己從事中文寫作的甘苦。從七月折磨到次年四月，其中感受到痛苦，也體驗到幸福：

我想是去年七月
那一月真像一朵

紅艷艷的蓮花
生長在上帝的聖血中
我想是今年四月
這一月真像一朵
白生生的蓮花
綻開了她的蓓蕾……

時間的巧合可真是奇妙。父親的寫作也與「四月」和「七月」有關，只是我有從七月拖延到次年四月的奢侈，而父親卻必須與時間「賽跑」。在體弱的情況下，他不顧一切地（完全不顧醫生的囑咐）一頁頁地寫下去，終於在短短三個月間完成書稿。

我認為父親的稿子是給年輕人看的。他一向愛年輕人甚於其他年齡的人。他和年輕人總是說個沒完，互相都有共同的語言。還記得，幾年前爸媽還住在馬利蘭州的時候，我每回去看他們，都看見有一群年輕人圍繞在他們的身邊，互相討論聖經，一問一答，其和諧快樂的境界令人羨慕。比起我這個長年住在遠處的「女兒」，那些年輕人更像是我父母的兒女。我常常因為很少聽到父親的講道而感到遺憾，這次父親終於把一些靈修的心得寫了下來，使我也能讀到，我的心中確實有一種「補償」的感覺。

父親的書也可作為母親離世歸天一週年的紀念。回憶當初，若不是母親的帶領，父親也不可能受洗歸主，更不可能把他的後半生獻給教會。母親逝世後不久，父親曾對我說：「人生實難，一切皆是無奈，唯獨耶穌最寶貴，使我們在患難中，能靠祂常常喜樂，流淚讚美」。我相信父親的話正反映了母親一貫的生命價值觀。這是我牢牢記住、終身不敢忘的生命觀。

今日面對父親完成的書稿，感觸萬端，拉雜寫來，以為序。

孫康宜
寫於美國耶魯大學
一九九八年七月二十九日

目次

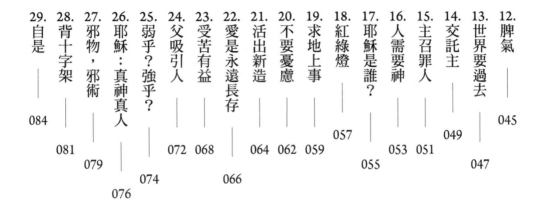

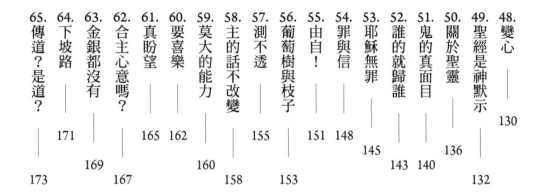

1. 打破玉瓶

可14:3-9「（主耶穌說）她在我身上作的，是一件美事……她所作的，是盡她所能的……我實在告訴你們，普天之下，無論在什麼地方傳這福音，也要述說這女人所作的，以為紀念」。

橄欖山的伯大尼！多美的一個名字！在這小村裡，有主耶穌所愛的，也是愛主的，門徒姐弟一家三口。主的心常在這裡。（不久以前，主剛叫死了四天的拉撒路又活過來）。

這是主受死前兩天，在世界最後一次作客——在伯大尼！那時風聲已經緊了，官府已佈告週知，緝拿耶穌（約11:57；Mk 14:1f）。長大痲瘋的西門感激主恩，公然宴請耶穌，不怕連坐。席間，有一個女人（就是伯大尼的馬利亞，主未提名[1]，約12:3）拿一玉瓶極貴的真哪噠香膏來膏主！——這幅畫面，令人不禁感喟。

馬利亞知道主的心，主此刻的感受。主就要死了，她再也看不到疼愛她一家的主了，她再也不能坐在主腳前聽祂的道了……馬利亞心碎了。她有什麼可以給主的呢？只有這香膏了！（這香膏是備作嫁妝用的——是她的全部所有）。她默默無言，「打破玉瓶」，把膏澆在主身上。門徒看見（就是猶大，約12:4）很不高興。但主知馬利亞的心，說了這幾句話稱讚她，並且吩咐我們，無論在哪裡傳福

---

1 康宜注：「主未提名」的意思是，在〈馬可福音〉14:3-9裡，耶穌並沒提到那女子的名字。但根據〈約翰福音〉12:3，那女子就是伯大尼的馬利亞。

音，都要述說「這女人所作的事」，以為紀念。

奇怪，門徒所行的，比這更大的事多得是，為何主只挑這件小事為紀念？原來主看重人「愛祂」的心。主看重門徒愛祂，並非祂要得什麼，而是要叫我們能享受祂的愛，得著永生的確據。新約福音可以濃縮為「主」和「愛」兩個字：一方面是「主愛」，主替罪人死，這是信仰的根源；另一方面是「愛主」，是蒙恩罪人應有的回應。

打破玉瓶！打破就是付代價（愛的代價），玉瓶就是己之所愛。玉瓶打破了，「屋裡就滿了膏的香氣（Jn 12:3）——基督的馨香之氣，就從門徒身上溢散出來！

馬利亞在主受死前夕，用香膏膏主。主說，這件事，普天之下傳福音，都要述說。可惜，今天許多傳福音的未遵主命。只傳主愛，沒有傳愛主；只講從主得，不講為主捨。廉價的福音不是福音！雖然受人歡迎，不能叫人得生命，只能叫人後來感到受騙。

榮耀的主耶穌，配得我們盡其所能的愛。舊作自箴十八個字如下：

主懸十架，
恩臨我罪人，
打破玉瓶，
誠心愛耶穌。

補充：

基督獻上自己、為我；

我當獻上自己、為主！

〈5-8-00感記〉

2. 安全可靠

約10:27-29（主耶穌說）：「我的羊聽我的聲音，我也認識他們，他們也跟著我。我又賜給他們永生，他們永不滅亡。誰也不能從我手裡把他們奪去……誰也不能從我父手裡把他們奪去」。

這是何等寶貴的應許！當你環境逆轉，道路黑暗之際，你的主耶穌沒有離開你！為你捨命的主永不離開你！你內心痛苦爭戰之時，主耶穌要把你藏在祂有釘痕的手中；你遇試探、軟弱、灰心、沮喪之時，祂必暗暗地保守你！世界罪流不能把你沖去，撒旦不能從天地之主手中把你奪去！因為你有「永生」，何等寶貴！或生或死，你的生命已經同主是永遠合一的了——因為你是主的羊。

我是主的羊嗎？這是我們當問自己的。（cf：II Tim 2:19；Mt 7:21）。

主的羊是愛主的，晝夜渴慕主的；主的羊是倚靠主的，主的羊是甘心順服主的，是有「為主受苦」心志的。

補充：

1. 一次得救，永遠得救？

是的，但你必須是主的羊。

主的＝屬於耶穌，主權給主了（不再自我中心，自己為主）。

信耶穌＝原為野羊（迷羊），耶穌來了，羊聽見牧人聲音，就悔改歸向神，成為主的羊了。

主的羊特徵：

（1）信靠順服；

（2）跟從（主怎麼領，我怎麼跟）；

（3）認識主，又為主所認識（cf：II Tim 2:19；Mt 7:23）；

（4）因信耶穌，成神兒女，與耶穌有生命關係；

（5）生命契合，結生命果子（Jn 17:5,8）；

（6）主的羊才是真信徒（Jn 8:31）；

（7）生死屬耶穌（主的人Rom 14:7-8）。為主活，為主死；

（8）對主忠心一直到底，所信是真的。

2.我們每天每時活在屬靈爭戰中。屬靈爭戰只有兩邊，你不站在神這邊，就站在撒旦一邊了，沒有中間路線。

「我站在哪一邊，何去何從？」

我只要稍稍偏離真理，偏離主耶穌，立刻就落在撒旦手中，失去安全保障！（Mt 12:43-）。

如果是主的羊，遇跌倒、失敗、軟弱，要立刻認罪——不住認罪，才能享主的保護。（cf：Heb 6:4-6/10:26-31）。

3.主啊，是的

約21:15（主耶穌問彼得）：「……你愛我比這些更深嗎？」彼得說：「主啊，是的，祢知道我愛祢。」

約翰福音最後一章15-19這五節經文太美了！把主耶穌待罪人那奇妙的愛，和彼得對主愛的回應——主與彼得心心相印——刻劃得淋漓盡致！

就在不久幾天之前，還曾三次不認主的彼得，今天復活的主特地來找他，安慰他，鼓勵他，挽回他。主耶穌「愛世間屬祂的人，就愛他們到底」（約13:1）。我初信主時，一想到彼得，打心眼兒裡瞧不起，「彼得太不中用了」！但信主日久，愈來愈看見，我自己才是不成器。彼得三次不認主，我幾次不認主呢！三百次也不止了！但我的主永遠給我悔改的機會！

彼得不認主，是因肉體的軟弱，他內心實在是愛主的（「他出去痛哭」，Mt 26:75, Mk 14:72, Lk 22:62）。主死了，復活了，彼得卻又打魚去了。他已萬念俱灰，自己都無法饒恕自己了。如今在提比利亞海邊，忽然聽到主慈聲，他還有何話可說呢！他自覺不配，無顏見主面，只能低聲夾著啜泣，說：「主啊，是的，……祢知道……我……愛祢……」——這一段經文千古以來不知溶化了多少罪人的心！

我讀到「主啊，是的」這兩個字特別有感觸。我想那時彼得的心是跪在地上說的。「主啊，是的！」千言萬語盡在其中了——侮恨、自責、感激、愛主之心，再次決心獻上自己的心志……。

當你我軟弱跌倒之時，但願我們也聽見提比利亞海邊主的柔聲：「你愛我比這些更深嗎？」——讓我們也以「主啊，是的」相回應。披肝瀝膽，獻上愛主不渝之心。

補充：

1.記得打魚海上，日日衝風破浪，忽聞召我慈聲，撇下小船漁網。主啊，祢知道……

2.記得小園禱告，前途甚覺茫茫，不能儆醒片時，讓主獨自憂傷。主啊，我心仍……

3.記得最後晚餐，立志為主受苦，如何急難來臨，三次竟不認主。主啊，我心仍……

4.往事不堪回首，直奔天路何疑，願主恩手領我，甘心背架跟從。主啊，祢知道……

4. 罪人的朋友

路19:10「人子來為要尋找拯救失喪的人」。（Mt 11:19, 9:11, Lk 15:1-2）。

路加十五章記主耶穌和罪人（稅吏，娼妓）他們一起吃飯，法利賽人又發議論了：「祂不是個拉比嗎？拉比那有跟罪人同流合污的！」。但耶穌怎麼說？「你們這假冒為善的法利賽人有禍了！」（Mt 23:13-36，主說了六次）。

「基督耶穌降世，為要拯救罪人」（提前1:15）。神愛罪人，召罪人，要救罪人。——這是新約福音和一切宗教哲學不同之處。人頂撞神，任意犯罪，人傷神的心，神還是愛罪人。神不是愛罪，神絕對不容許罪，有罪必罰，但神知道罪人可憐，被罪奴役，耶穌來要除去罪人的枷鎖，使他得自由，得永生。

神不是高高在上，不關心民瘼的神，「我們的神以憐憫為懷（詩116:5, Mt 9:36, Mt 11:5f, Ps 68:10）」。神甘心自己降卑，捨棄天上的榮耀、權利、自由，降世為人，與罪人認同，和你我同苦，同痛，同受試煉，甚至願替罪人死，就是為了要叫罪人悔改，因信耶穌，罪得赦免！

在神眼中，人不分好人，壞人，只分悔改的罪人，和不悔改的罪人！主耶穌說「無病的人用不著醫生，有病的人才用得著，我來本不是召義人，乃是召罪人悔改」（路5:32）。但主問人說，「你們中間誰是沒有罪的？」（Jn 8:7, 詩143:2，130:3-4，羅3:23）。

弟兄們，我們得永生，不花分文，但主為救罪人付了極重的代價：我們的好牧人攀山越嶺，遍體鱗傷，為我們流出寶血——為了要得著我們這些亡羊！但願我們常被祂的愛激勵，有報恩愛主的心，叫主也永遠得著我們。

5. 認罪即赦

（孫保羅補註：此篇要重寫）。[1]

約壹1:5-2:2「我們若認自己的罪，神是信實的，是公義的，必要赦免我們的罪，洗淨我們一切的不義。」

因常聽不認識福音的人，對這段經文有誤解，所以說明如下：

1. 約翰壹書的目的之一，是教基督徒不可犯罪（2:1, 3:6, 3:8-10）。若偶然犯了罪，認罪必赦。
2. 1:9是指，人行在光中，受神的光照，心中一萌罪念，即刻向主認罪，就不致犯出罪來。
3. 2:1-2是說，在特殊情況下，基督徒偶然被過犯所勝（罪慾跑到理性前面去了，加6:1），立刻向主認罪，就不致陷在罪中（詩19:12-13）。
4. 1:7, 1:9, 2:1-2是神恩典的應許，給誠心認罪、恨罪、離罪之人的。但，赦罪之恩不是犯罪的通行證！凡故意犯罪的，不能得赦免！（IJn 3:3-9，來6:4-6，來10:26-27，林後5:11）。
5. 基督徒愈靠近神的光，愈見己罪，所以我們何時認罪，就證明更靠近神（cf.提前1:15）。

1 康宜注：至今仍找不到家父有關此篇的「重寫」稿。

6.我們若得罪了人，不但要向神認罪，也要向人賠罪（包括補償罪所造成的損傷）。與人的關係若不糾正，你的罪還在那裡，你和神之間仍不能暢通（詩66:18）。

寫到這裡，我就想到今天基督徒家庭的問題。今天夫妻不和所造成的壓力，遠大於外面工作或環境上的壓力。夫妻失和原因很多，但我看到一件小事：不肯認錯，常會引起軒然大波，甚至不可收拾。人不是不知錯，只是面子放不下，以認錯為丟臉，結果就小事化大，中了撒旦的詭計（夫妻間的問題，背後總有撒旦插手）。我勸基督徒夫妻，偶遇口角，一有火藥氣，「你」就要忍（靠主立刻閉口不言！）要「讓」（靠主放棄理由，等對方自省自責）！最要緊的，你若得罪了你那一半，要趕快認錯！「對不起」三個字可以化險為夷。

6. 預備來生

約壹2:15-17「不要愛世界和世界上的事，人若愛世界，愛父的心就不在他裡面了。因為凡世界上的事，就如肉體的情慾，眼目的情慾，並今生的驕傲，都不是從父來的，乃是從世界來的。這世界和其上的情慾，都要過去，唯獨遵行神旨意的，是永遠常存。」

主耶穌所講的道，都是叫人重視來生，為來生預備。主叫人「思想」：孰重孰輕——永生，今生？永恆，短暫？真實，幻影？靈魂，肉體？天上，地上？不能見的，眼能見的？

例如路加十二章無知的財主：財主無知，是因不知他有一天要死，不知靈魂歸宿何處，只拼命抓世界；路加十六章不義的管家，主誇獎他聰明，因他知道為明天預備；路加十六章財主與拉撒路，主是講天上，地上價值相反，捨不得地上，得不到天上；路加十八章少年官，把永生失之交臂，只因他很富足；路加十九章稅吏撒該，獨有這個財主與眾不同，他得了救恩，因為他把身外之物都撇下了。

主說「永生」最重要！「賺得全世界，賠上自己的生命有什麼益處呢？」一個人家財萬貫，名利雙全，健康，長壽，兒孫滿堂，他若沒有永生，即使活兩百歲，也不過十二個字——「勞苦愁煩，轉眼成空，如飛而去！」（詩90:10）

新約的教訓強調輕看世界。但絕不是叫我們作遁世主義者！不是受了洗了就坐以待斃。孔子說，「未知生焉知死」，但耶穌的教訓是，「未知死，焉知生」！知道死往哪裡去，生命才有意義，有方向，有盼望，有力量。人當用今生預備來生，在世活著遵行神旨，跟從耶穌，日漸改變，更加像主，享受永生平安，好在那日能安然見主（彼後3:14），歡然見主（猶24），能以豐豐富富地進入我們主救主耶穌基督永遠的國（彼後1:11，帖前2:12，約壹2:28-29）。

7. 禁止我口

詩141:3-4上「主啊，求祢禁止我的口，把守我的嘴；求祢不叫我的心偏向……」

昨夜朦朧中，蒙聖靈責備，指出我日間在教會言語不當。醒來靜思良久，深知這是我的大病，立即向主認罪感恩。

聖經中很注重我們的言語。例如，弗5:4，「污穢的話」連提都不可；「妄語」，「戲笑」的話，也都不可說。（「妄語」就是無聊的話；「戲笑」就是粗卑下流的玩笑。有些話，世人稱為幽默的，其實是妄語，戲笑之類。）

雅1:19「要快快地聽，慢慢地說」；雅3:4-10「唯獨舌頭無人能制伏」。又箴言書中也再三提到言語、舌頭的問題（如，箴10:19, 17:28）。言語錯失，往往闖禍（箴18:7）。

聖經不是叫我們作個啞巴，明哲保身，不敢直言人所不愛聽的話（王上22:14），乃是叫我們分辨什麼場合，該說什麼話，什麼時候要閉口不言。所羅門用「金蘋果在銀網子裡」來形容合宜的話——凡造就人的話（弗4:29），不自吹自擂的話，榮耀神的話，就是合宜的話。

主昨晚的責備，不是因我說話的內容不對，乃因我說了不必說的話。在主光照下，我才看見，即使是屬靈的事，也要常常小心，不可多話。

言為心聲。毛病在心裡！所以大衛求主「保守我的心不偏向」。我也求主保守我的心，約束我的口。晨起疾書，感恩自箴如下：

（調用「懇求聖靈」）

懇求聖靈，管制我靈，
把守我口安靜；
時時懇求，榮耀聖靈，
使我儆醒恭聽，
使我儆醒恭聽。

8. 為主而活

（孫保羅補註：要重寫）[1]

羅14:7-8「我們沒有一個人為自己活，也沒有一個人為自己死，我們若活著是為主而活，若死了是為主而死，所以我們或活或死，總是主的人」。

基督徒的人生觀，就是服事（事奉，serve, be a slave to）的人生觀〔Mk 10:45, Lk 22:26-27〕。主耶穌的一生就是事奉神，取了奴僕形相。祂的愛就是自我犧牲、謙卑的服事。（Lk 12:37, Jn 13:14, Eph 6:5-7, Col 3:22-23）。

「耶穌是主」——這是起初教會的基本信條。「主」這個字是指主人，但也是指神說的。主是生命的主宰，是主權者。信主以前我自己是主，信主之後，我生命的主權全獻給耶穌，我作僕人了。很多時候，我們的問題就是：雖然信了耶穌，還是在許多事上自己作主！太6:24「一個人不能事奉兩個主」！我們信了耶穌就當否定「己」，讓主耶穌真正在我生命中掌權。

1 康宜注：至今仍找不到家父有關此章的「重寫」稿。但他曾註明要參考第四十四篇：〈服事的人生觀〉。

耶穌是主，我理當是僕人。我們罪人得蒙救贖出死入生，是因主耶穌付上寶血為代價，祂這樣愛你愛我，我們就甘心樂意獻上自己為主而活。基督徒就是申15:16-17那個奴僕，自願將一切主權（包括生命）全交給耶穌，不再為自己活（林後5:15）。

耶穌是主！我們活著就有意義了，不再為轉眼成空的人、事、物而活，全為永活的主耶穌而活。從今而後，「為主活，為主死」，方向清清楚楚，不再胡裡胡塗。為主而活，我們活著就簡單了：主負責一切，主掌管，主看顧，不必自己背重擔了！

清晨醒來，最好先坐定了，向主說：「主耶穌，今天我是為你而活，今天的道路我不知道，我把今天將遇到的每一個人，每一件事，都交在你手中，求主引導我凡事能靠主得勝，能榮耀主，救我脫離一切凶惡。」——這樣一禱告，一天都得力。

耶穌是主！在家中，我不是主，夫妻就能同心同行；在教會裡我不是主，教會少許多糾紛。在一切危難，各樣遭遇中，由耶穌作主，我順服神的按排，就少許多憂愁掛慮！

耶穌是救主，祂更是——我的「主」！

主啊！他們要什麼？我要什麼？求賜我另有一個心志，專一要主，為事奉主、見證主、榮耀主而活。

補充：

Oswald Chambers: "My utmost for His highest."[1]

---

1 康宜注：此指Oswald Chambers（一八七四—一九一七）的經典作品，*My Utmost for His Highest*。家父擁有此書的再版，那是他的孫女孫路亞（Esther Sun）贈給他的。

9. 婚姻

太19:3-6「有法利賽人來試探耶穌說，人無論什麼緣故，都可以休妻（離婚）嗎？耶穌回答說，那起初造人的，是造男造女，並且說，因此人要離開父母，與妻子（丈夫）連合，二人成為一體。既然如此，夫妻不再是兩個人，乃是一體的了。所以，神配合的，人不可分開。」

婚姻的意義是什麼？在這段經文中（太19:3-11），那位造人的神，至高至聖的立法者宣告：夫妻是神配合的，家庭是神設立的，一夫一妻的婚姻是神聖不可侵犯的。然而，眼看這半個世紀來，家庭日漸解體！人高喊「自由」，要擺脫神的律，由自己來作是非，善惡的標準！所以世界潮流以羞恥為光榮。然而，「自由」的結果就是自殺——夫妻反目，同床異夢，自私自利，無情無義，彼此利用，以致離婚成了家常便飯；分居，單親，日益增加，禍延「子孫」！如今人不只要承受外面（工作上，社會上）的壓力，更失去了神為人預備的，世上唯一的避風港！

舊約十誡中就有兩條，是與婚姻有關的。

第七誡，「不可姦淫」（一切婚姻外的關係，都是罪）；第十誡，「不可貪戀人的妻子（丈夫）」（心中有貪戀的意念，就是罪）——這是神的律，保護家庭的「紅綠燈」。

我曾在查經聚會中，討論這幾節經文時，聽一位弟兄說：「……夫妻是神配合的？我看神配的不好！」我答說：「弟兄，不可批評神！神配的都恰到好處！」你愛吃鹹，神給你配一個愛吃淡的；你急性子，他（她）就慢吞吞。所以，我們首先要認定，古今中外沒有一對夫妻是從來不「抬槓」「拌嘴」的。曾聽人說，他離婚的理由是個性不合，我說，奇怪，既說個性，就是各有各的「個性」，一定不同的！夫妻二人要合而不同。

夫妻個性不同背景不同，所以王明道先生說：「你那一半永遠是你的十字架！」至理名言！不過，我還想再加上半句：「你也永遠是他（她）的十字架」。這到底是怎麼回事？有一天偶然之間，主叫我想到箴言書27:17這節經文，前邊七個字是：「鐵磨鐵，磨出刃來」，恍然大悟。深哉，神的智慧！神原來是要我這塊廢鐵（高傲，剛硬的「己」性）先在家庭中受神的磨煉，有一天能磨出刃來，成為神手中可用之材，合主心意，能榮耀主。

我憑基督的愛，奉勸基督徒夫妻：不要被世潮沖偏了方向，要回到聖經上來！不可接受世上的價值觀。

愛就是自我犧牲，奉獻自己，服事主服事人。夫妻之間，凡事要為他（她）的益處。不要想改變他（她），要改變你自己！不可固執己見，要請基督作「一家之主」。（不得已時，也只好任他失敗，學教訓）。求主把守你的口（愛都可能造成傷害！記住：少說一句，化險為夷！求主約束你的脾氣（脾氣是罪！）。神對夫妻的旨意就是「恆久忍耐」（林前13:4「愛是恆久忍耐，又有恩慈……」）。最要緊是「尊重」你那一半。彼此認罪，彼此饒恕。夫妻相處不容易，但目中有神，一切迎刃而解。何況人生短暫，誰知何時生離死別。

基督徒在家無見證，在外也無見證；在暗中不能得勝，在人前也不能得勝。求主幫助。

補充：

91年9月11日記：「夫妻敬畏神，撒旦攻無路，夫妻一條心，天塌頂得住。」

91年11月2日日記：夫妻相愛口訣：彼此體恤（Ipet 3:8），彼此順服（Ipet 5:5），彼此接納（Rom 14，15），彼此饒恕（Eph 4:32，Col 3:12-13），彼此認罪（Jn 5:16）互相代求，同心愛主，代代蒙福。

〈基督徒夫妻相處要訓〉

5/4/94日記

（一）當知夫妻乃神配合，不可怨，要感恩！他（她）可能是你的十字架，但你一定也是對方的十字架（箴言27:17）。務要紀念夫妻恩情，要敬奉神的話（教訓）。

（二）夫妻關係太親，容易磨擦。勿以為他就是你，就處處干涉他！要知他是一個獨立人格，不是附屬於你。第一要緊記，「尊重」對方！愛是恆久忍耐！兩個個性背景不同的人，雙方都要靠主恩所賜平安喜樂。[1]

（三）即使出乎愛，也不可強迫對方照你的意思行，不可妄圖改變對方！若對方太頑固，你不可嘮叨囉囉嗦嗦。交給主，為他禱告，不要怕讓他失敗，（有時需要神的管教，但神必有足夠恩典憐憫）。

（四）必須愛對方！愛是凡事為對方利益。愛是自我犧牲，放棄權利。夫妻會爭吵，但絕不可有「恨」（恨是從撒旦來的），務須彼此憐憫體諒，同情，忍耐，包容，饒恕！承認己錯。如發現對方在某些事上永遠固執，你就該求主改變你自己，讓步、遷就，務必維護婚姻關係。

（五）要求主幫助，十分小心你的「言語」（詩篇141:3, 4），撒旦便無機可乘。對方言語一有火，你立刻「閉口不言」！（事後他會自省自責）。意見一衝突，一有火氣，「絕對不還口」，化險為夷！

（六）夫妻兒女每天有一點時間（如晚飯後睡覺前）一同讀經，禱告，必蒙神祝福（得聖靈幫助）。

（七）夫妻只要一條心，狂風大浪不能侵！

同心敬畏主耶穌，災禍也化為祝福！

---

1 康宜注：此處字跡不清楚，暫且作「……所賜平安喜樂」。

10. 憐憫饒恕

弗4:31-32「一切苦毒、惱恨、忿怒、嚷鬧、毀謗、並一切的惡毒，都當從你們中間除掉。並要以恩慈相待，存憐憫的心，彼此饒恕，正如神在基督耶穌裡饒恕了你們一樣。」

這兩節經文中講到兩件事：一方面，發脾氣，傷害人是罪，另一方面，受傷害的不饒人，也是罪。不發脾氣不容易，但要饒恕，就更加難了。夫妻在家，弟兄姊妹在教會，彼此關顧，幫助，饋贈……並不難作到，然而，一旦為了一句話受到傷害，那時要饒恕對方，就不是易事了。

饒恕不容易，是因人性中沒有饒恕，只有報復。Alexander Pope有一句話，"To err is human; to forgive, divine"。所以，如果你能饒恕，那乃是在你身上顯出神性來（彼後1:4下）。不能饒恕的原因，是人要「講理」！（明明是他傷害我，我有什麼「理由」饒他！）主耶穌被釘在十字架上，鮮血淌流，說的第一句話就是：「父啊，赦免他們，因為他們所作的，他們不曉得」（路23:34）。他們是誰？就是無理毀謗祂，冤枉祂，謀害祂，捉拿祂，羞辱祂，處死祂的那些人！到底誰有理呢？主說，「因為……」，主反而在神面前為那些惡人辯護！替他們找藉口，替他們求情——耶穌不講理！（主若講理，你我早在地獄裡了）。

主不講理，只講愛。不是主沒有理，乃是主以憐憫為懷（詩116:5, 103:8）。憐憫這兩個字很重要（cf.太18:33, 35），憐憫就是極度的同情，站在對方的立場，為對方設想。憐憫、恩慈：這是饒恕的根基！主憐憫我，因我是罪奴，被罪捆綁，不得自由，我沒有能力不犯罪。所以，主饒恕我，是全無理由，毫無條件的。十字架的愛，就是我犯罪，主耶穌受害，祂是甘心情願。（賽53:5）。

信主以前，我發脾氣傷害人，並不覺得如何，我有理不饒人（甚至無理也不饒人），理直氣壯。然而，信了主耶穌以後不行了。不錯，他不配得我饒恕，他傷害我太過分，我不能饒恕，但聖靈不放過我，到頭來，我還是得回到主面前去，俯伏在地，向主投降。

主使我來到各各他，跪下在主十架前。主叫我看見，那傷害我的人，是和我一樣可憐的罪人！這時心中劇烈爭戰，如同被釘十架之痛。於是我流著淚說：「主！你白白赦我一切罪，你替我死……我，……饒恕他了」。我站起來，心得釋放了，心裡沒有氣了，平安喜樂了。妙哉，主道！

11.順服？認命？

約14:31「我愛父，父怎樣吩咐，我就怎樣行」。

這句話是十架當前，耶穌在門徒面前說的。

約6:38主也說：「我從天上降下來，不是按自己的意思行，乃是要按那差我來者的旨意行」。我們跟從主的人應當知道，「信耶穌」的這個「信」字是包括「順服」在內的（cf.羅1:5「信服」）。我們信的不是一個定理，不是一個學說，而是天地之主，偉大的神。耶穌是主，我們信祂，我們的生命就與祂的生命有關係。

神不是暴君，不是逼著我們順服祂。神要我們順服祂，是為了我們的益處，叫我們得安息，有喜樂。我們基督徒順服神，動機是愛神！不出乎愛的順服，不是順服。

基督徒順服神和世人的「認命」是斷然不同的——世人是不認識神（獨一真神，宇宙之主，生命源頭），是自以為神，自己當神（不承認自己是被造的！）然而有一天災禍忽然臨到，他才發現「原來我不是神！」於是，不得已而向未知的命運之神（其實是魔鬼，賽65:11，8:19；Eph 2:2）屈服！認命的人是怨天尤人、委委屈屈、滿腹怨氣、無可奈何地向「命運」低頭（cf.賽45:7）。所以，認命的人絕無平安。

基督徒認識神是神，神是愛，認識在十架上替我罪人流血捨命的主耶穌，主是配得我愛，配得我順服的，我們是甘心樂意地順服。樂意遵主旨意愛神愛人，跟主腳蹤行，就平安了。

來5:8-9有寶貴的話：「祂雖然為兒子，還是因所受的苦難，學了順從，祂既得以完全（perfect），就為凡順從祂的人，成了永遠得救的根源」。（cf. Rom 5:19, Phil 2:8, Ps 40:8）。所以，當我們外有苦難，內有爭戰之時，我們仰望耶穌，順服「耶穌的順服」就能得勝。

突破曠野繞行的經歷，關鍵是絕對的順服！順服是你我一生的功課。要生命長進，唯有順服。順服就是背十字架。順服是榮耀神。雖然前途還有許多更重的試煉，那都是我們榮耀神的機會。

你心中何時平起風浪，失去平安？那必定是內心深處，有一件人所不知，你不敢碰的事，是你還未能順服的！求主給你挖出來！俯伏在地向主說：

「我的神，我樂意照你的旨意行！」（詩40:8）。

補充：

神的主權，人的順服：（這是）[1]人在神面前應有的態度。這是從OT到NT，聖經一貫的啓示：

Mt 11:26：「父啊，是的，因為祢的美意本是如此」。

Mt 26:39：「……我父啊，倘若可行，求祢叫這杯離開我，然而，不要照我的意思，只要照祢的意思。」

Rom 9:15, 16, 20：「……你這個人哪，你是誰，竟敢向神搶嘴呢？受造之物豈能對造他的說：『祢為什麼這樣造我呢？』」。[2]

〔但NT特別強調神愛人，人愛神〕。

---

1 康宜注：原文沒有「這是」兩個字，今補上。

2 康宜注：原文沒有引用以上經文，今補上。

12. 脾氣

林後5:17「若有人在基督裡就是新造的人，舊事已過，都變成新的了」。基督徒信了主以後，頭一件事就是死——立刻開始對付脾氣！把自己放在主手裡，讓聖靈來除掉「己」（老天性）。

我以前是有名的壞脾氣，我不是不想改，而是對自己沒辦法。於是我為自己製造藉口（1.是我有正義感，生性剛直；2.是祖傳三代的老脾氣，秉性難移嘛），以證明我發脾氣有理。到信主以後，看聖經說，發脾氣是罪，主問我，「你有什麼權利為別人製造痛苦？」我才猛醒。

不錯，我們信耶穌以前都是脾氣的奴隸（男女老幼都發脾氣），然而如今信了耶穌，主是我得勝的力量。「江山易改秉性難移」這條鐵則，在基督裡已經打破了。得勝是靠主，不是自己努力。

俗語說：「不如意事常八九，可與人言無二三」。人為什麼生氣，發脾氣？不外乎兩個原因：人不稱心，事不如意！我要別人都聽我的，豈能稱心；我要神也聽我的，能不碰壁？主耶穌說，我心裡柔和謙卑，祂在父面前只有父沒有「我」，父有什麼按排，有什麼改變，祂歡然接受（「父啊，是的」太11:26）。祂與父的旨意完全和諧，祂凡事只要「如父的意」，所以，祂沒有脾氣。人家恨祂，捕祂，祂處之泰然，因祂看是父的美意。主在十架當前還有喜樂平安留給我們，因為祂沒有自己的意思，凡事只要父的旨意。

我們信了耶穌，就有一個新的生命，藉聖靈住進我心。這新生命能勝過天然的舊生命（約壹4:4）。只要我們愛主，順服聖靈，有為主受苦的心志，讓新生命活出來，脾氣一定漸漸改變的。一個信主的人身上應當有十字架的烙印。若脾氣不改變，依然故我，怎能證明他有永生呢。

13.世界要過去

林前7:31下「這世界的樣式將要過去了」。

由於國際情勢緊張，風聲鶴唳，聽說核子科學家把「末日（英文Doomsday指最後審判之日）鐘」前移五分鐘，如今離末日只有九分鐘了。今天漸有更多人開始思想末日這個問題了。其實末日的事，新約聖經早已清清楚楚地預言了。這不是什麼末世論（Eschatology），乃是神的啟示。感謝神，今天我們看到世上所發生的事，就證明我們所信的主耶穌是又真又活的神。天地必然要廢去，主的話不廢去（羅13:12，彼後3:8-13）。基督徒不看報也知道世界的結局，歷史的方向。

新約聖經用一些不同的字，來指末日——末世，末時，末期，主的日子，基督的日子，那日子……。總而言之，總有一天，是神算賬的日子，神忿怒審判的日子。總有那一天，神要伸冤，神要平反。有人問，這世界還有希望嗎？聖經的答案：「那日」就是希望。

這世界已經失控，有人想到核戰一觸即發，惶惶不可終日，也有人充耳不聞，照常吃喝玩樂。但對基督徒而言，「那日」是我們親見得勝之主耶穌凱旋的日子。我們不是憂心忡忡，而是「挺身昂首」（路21:28）。

「那日」之前有什麼預兆呢？聖經所說的預兆就是：道德淪喪，性情凶暴，戰亂頻仍，天象反常，魔鬼猖狂，假先知假基督出現，基督徒受逼迫……（提後3:1-4；4:3，提前4:1，太24），今天已漸漸應驗了（可13:29）。「你們看見這些事成就，也該知道人子近了」。所以，我們要醒起（羅13:11-12，帖前5:6），要儆醒（可13:35）要預備——因為那日子，「你們想不到的時候就來到了」（太24:44）。

14. 交託主

詩131:1-2「主啊，我的心不狂傲，我的眼不高大，重大和測不透的事我也不敢行。我心平靜安穩，好像斷過奶的孩子，在他母親懷中」。

人何等渺小！在無限的時空之中，我的存在在哪裡？等於零！（賽40:17）。我為什麼是我？測不透（詩139:6, 14）！沒有神，人沒有存在的意義，也沒有平安。

人生很多的痛苦，基本上是由於一件小事：人不肯承認「我是被造」！人想，我就是我，「除我以外沒有別的」（賽47:8, 10）。但是總有一天人會發現「原來我並不是神」！一個小指頭不能動，許多的事就不能作：人算什麼（詩144:3-4）。我的前途，我的環境，我的遭遇，全不在我控制之下！基督徒最大的問題，是對環境遭遇不滿，對神不滿，不如意，發怨言：因而陷入痛苦黑暗的深坑中。（羅9:20）。

大衛被稱為「合主心意」的人，因他向神謙卑，不敢在神面前說，「我要」，「我不要」。神要給他什麼，他都要（詩16:1, 2, 5, 6, 8, 9）。怎麼叫合主心意？就是他不敢叫神「如他的意」，他凡事要「如神的意」！神的事測不透，他就不敢過問，也不敢去管神的事，只是一心倚靠、順服，所以，他心裡沒有憂慮懼怕。

很多事我們不能測透，但我們能因主耶穌的愛和祂信實的應許，把明天交託在祂永愛，全智的手中——像斷過奶的孩子，倚在母親懷中，就享受主的平安與喜樂。

15. 主召罪人

可2:17「耶穌……說：康健的人用不著醫生，有病的人才用得著。我來本不是召義人，乃是召罪人」。

新約時代的敬拜全是人裡面的事，不靠外表的儀禮、規條，只靠個人與神直接的關係，用心靈和誠實（約4:24）敬拜：我靈對準神的靈，我的真對準神的真，我在神前毫無隱藏遮掩，我赤露敞開來到神前，這就是心靈和誠實的敬拜。主耶穌「知道人心裡所存的」（約2:25），主看重我的內心。

可2:13-17這裡記述主召利未的事。利未坐在稅關上，耶穌對他說，「你跟從我來」，他就起來跟從了耶穌。真希奇，主耶穌只說了這麼短短的一句話，利未（即馬太）就起來跟從了耶穌！耶穌好像一塊無比偉大的磁石，他身上有神的榮威、權柄、慈愛、大能，罪人遇見祂就被祂吸去。但是，旁邊的文士，法利賽人就不能被吸引。難道神還有難成的事嗎？不！是因為那些人自以為義。磁石只能吸引有磁性的東西！

在神眼中，不分罪人，義人；只分「悔改的罪人」和「不悔改的罪人」。神不看人的出身如何，過去歷史如何，只看人今後如何——見了神兒子耶穌，人受不受感動，樂不樂意認罪悔改！

神所喜悅的，是人有悔改的心。認罪悔改就是向神謙卑，「我（神）所看顧的就是虛心痛悔，因我的話而戰兢的人」（賽66:2），「神哪，憂傷痛悔的心，你必不輕看」（大衛的祈禱，詩51:17）。

福音的道本是悔改赦罪的道（路24:47），認罪必赦！（約壹1:7-2:2）。

我們基督徒已經罪蒙赦免了，但我們還是不免犯罪，需要不斷地認罪悔改。什麼時候覺得我們靈命長進了，不需要認罪了，恐怕就是已經遠離了神，不被祂的光所照，不能被祂的愛吸引了。

16. 人需要神

詩90:1, 10「主啊，祢世世代代作我們的居所，諸山未曾生出，地與世界祢未曾造成，從亙古到永遠，祢是神……我們一生的年日是七十歲，若是強壯可到八十歲，但其中所矜誇的，不過是勞苦愁煩，轉眼成空，我們便如飛而去」。

人需要認識神，人需要救主。神造人，有「靈」放在人裡面，人是神獨一的創造（照神榮耀形象造的）。所以，惟獨人，有「神」的觀念，有尋求渴慕神的本能。

當我們佇立於名山大川之前，思想宇宙之大（以億萬光年計），年代之久（以地質時代計），以及俯察造物奇妙之時，心裡自然有一種敬畏讚嘆的感情。當我們站在親人彌留的病榻之側，也不禁慨嘆人生之短暫有限！

天地萬物由何而來？人從哪裡來往哪裡去？在茫茫宇宙中我站在哪裡？——生命的意義何在？這些問題，人需要解答。人需要找到「永恆」的造物主，生命的源頭！（傳3:11）否則人生就沒有意義。生命沒有意義，人就活不下去，因為人有靈魂。

人的體質，比禽獸脆弱，而生老病死，遭遇環境，都不是人能控制的。人生就是受苦與無奈，而且有死隔絕，轉眼成空。靈魂需要有歸宿，人需有永生：有神的同在，才有盼望，有力量活下去。

人沒有神，如同斷了線的風箏，尋不到安息之處。人生有各式各樣的痛苦，沒有一樣是你能控制的，人活著需要天上來的力量。人不能不犯罪，罪給人帶來今生的痛苦，永遠的刑罰，人需要赦罪之主。人需要耶穌！

神的兒子耶穌，與我們作朋友（太11:19，約15:13, 15）。耶穌是我們靈魂的朋友！晝夜與我們相伴，生死與我們不離。人內心深處有一些真實的聲音，只能向祂傾吐，連至親、好友、夫妻都不能。

有一首膾炙人口的美歌：「耶穌恩友」（What a Friend），是玉真信主的引子，也是我未信主前就愛唱的。這多年來，在主日學課堂上，我要求男女老幼都能把它背下來，每主日早上背唱。〔複印在本冊第80篇前頁〕。

最後，一節經文連同我的禱祝，特別贈給青年朋友們：「你趁著年幼，衰敗的日子尚未來到，就是……毫無喜樂的那些年日，未曾臨近之先——要記念造你的主」（傳道書12:1）。

17. 耶穌是誰？

徒4:12「除祂以外，別無拯救，因為天下人間沒有賜下別的名，我們可以（原文，必須）靠著得救」。

神——不是人自己造一個，就是神。世人無論拜什麼神，都不外乎是「人造」的神（假神、偶像、或以被造之物為神、或以人，以鬼為神、或以自我為神，等等）。唯獨我們基督徒所拜的，是造天地萬物的神，造人的神，獨一的真神（徒17:24-28）。

人能認識這位真神嗎？不可能！有限的人不能認識無限的神，有罪的人也不能進到聖潔公義的神面前。獨一真神，要叫人認識祂，就必須把祂自己「啟示」出來。神藉一切所造之物（包括人）已經啟示了自己，使人知道「有神」，又藉祂的話（舊約聖經）以及祂在歷史中的作為，表明了這位神是怎麼樣的一位神。最後，祂差遣獨生子耶穌，使人在這位歷史的耶穌身上，（藉祂的言行、美德、權柄、智慧、榮耀，……）能看見神，摸著神，藉著耶穌與那位無形無相的獨一真神相通（約14:6-7, 1:18）。

耶穌——是獨一真神（天父）的最高，最完全的，終極的啟示！是神本體的真相（來1:3，西1:15）。耶穌是自有永有的（pre-existent），在萬有之先（Mic5:2, Jn 1:1, Col 1:15-17, Heb 1:1-2），祂本與父神同等（Phil 2:6-8, Col 2:3,9），是神成了肉身來的。耶穌是真人，又是真神（耶穌是神的「奧秘」，非人理性所能解釋的）。我們信祂，就能在經歷中證明祂是「祂自己所說的」那一位。

耶穌替我們的罪死了，又復活了。給我們開了一條路（來10:19-20）使我們罪得赦免，能重回到神面前，且因祂所賜的永生，使我們與祂生命永遠合一，並靠著祂的能力，活出「愛」的生命來。

耶穌不是偉人，不是聖人，不是××家……。耶穌是神的兒子，是救罪人免受審判永死，而自我犧牲的救主！（1 Th 1:10）是靈魂的救主，也是全人類的審判主（Jn 5:22, Ac 10:42, 17-31, II Tim 4:1）。

可惜，今天許多的傳福音的人，傳的是另一個耶穌（林後11:4）——是一個摩登時髦的，趕得上時代的耶穌；一個叫人信了就能無災免痛，長生不死的魔術師！他們所傳的福音，是另一個福音——一個簡易速成，沒有十字架的福音：人不必認罪悔改，只要作個禱告，再下水裡站一下，就算得救；也不需要生命改變，過成聖的生活，只要在教會參加一些活動，死後就可以「坐花轎上天堂」……。這絕不是新約聖經裡的耶穌，也不是新約的福音。

補充：

主耶穌的榜樣：

1.柔和謙卑（Mt 11:29），存心順服（Phil 2:8）。
祂就是神，卻自我謙卑，尊父為大，愛父順服，獻上自己。
祂雖然為兒子，卻如此謙卑順服，我們當如何？

2.不屬世界，全為父而活。

18.紅綠燈

賽1:19-20「（耶和華說）……你們若甘心聽從，必吃地上的美物，若不聽從反倒背逆，必被刀劍所滅。這是耶和華親口說的」。

隨著Internet的出現，人類又進入一個新時代了。這半個世紀，科技進步神速，然而，人本身的危機也同步加速臨到。環顧今日世界，想想我們下一代，再下一代……不堪設想。為什麼道德淪喪到這個地步（犯罪年齡已降到七、八歲），為什麼傷天害理泯滅天良的犯罪與日俱增？為什麼家庭崩潰，青少年問題日益嚴重？……沒有人有答案。是Internet之過嗎？科技本是中性的，問題是人！人叛逆神，目中無神，以人的智慧自豪，結果，科技一切的成果都落在撒旦手裡，為虎添翼！這是人類悲劇的根本原因。

今天這兩節經文，有兩個「必」字。和合譯本比英文譯法傳神。什麼叫「必」？神的話安定在天，不能廢去！神的話斬釘截鐵，說一不二。神的話就是「律」！神造天地萬物有自然律。為什麼光速每秒三十萬公里？神造的！同樣，神造人，也有個律。神為人設定的律如同為車輛設的交通管制燈——不是為轄制人，乃是為保護人。但人被造，也有自由意志。神許可人選擇「聽從」或「不聽」，後果完全不同。人若離開神，不受神管制，偏行己路，就是走向滅亡（箴14:12）。

基督徒活在這邪惡的世界（可8:38上），只有兩條路：或則堅信不移，踏定神的路徑（詩17:5），持定永生（提前6:12，19）；或則與世同流，隨流失去（來2:1）。

19.求地上事

西3:1-2「所以你們若真（原文：已經）與基督一同復活了，就當求上面的事，那裡有基督坐在神的右邊。你們要思念上面的事，不要思念地上的事」。

新約聖經應許，信耶穌得永生，人最要緊的就是「永生」！但是奇怪，今天很多人傳的「福音」專教人追求地上的事。他們說，神是無限富足的神，「只管向神求吧！」求什麼呢？無非是神跡醫病，在世成功，得著超自然能力，之類。人有病，理當向神求醫治。但神醫治，或不醫治，都當感謝。若賴在神面前一定要神醫治，這種心態是藐視神的主權。至於追求超自然的本事，不外乎是滿足自己的驕傲。我相信有人（甚至號稱基督徒的）有這些本事，但我唯恐他失了「永生」。

有一位牧師，在書中教人用Visualization（心想事成）方法禱告：「憑著信心，閉上眼睛想像吧！」你所要的東西，要成全的事情，一求就得（他們說）。我也讀過一位屬靈領袖的見證：說他外出傳道，向神要頭等機票，一到機場，果然就有；又說他需要一件上衣，向神要什麼顏色款式的，一禱告，果然得著。這種能力肯定是從撒旦來的。可嘆今日許多基督徒的品格何在？到主面前，只知伸手要這要那，全是地上的事。所謂「基督徒」，存著拜菩薩心態，利用耶穌，不明白神救恩的目的何在。

常聽說有人教人禱告求賜聖靈！令人不解（加3:2，弗1:13）。有的主張基督徒還要受聖靈的洗（浸）！真奇怪。如果他是真基督徒，他接受主之時所受的是「什麼靈」的洗？（林前12:13）。又有人教人求靈恩。但林前12:11說，「這一切都是同一位聖靈所運行，隨己意分給各人的」，不是你想挑選什麼就有什麼。（除了教我們追求「愛」）。

此外，也有人教人「追求」聖靈充滿！使徒的教訓只有弗5:18「要被聖靈充滿」！這是給我們的一個命令，每個基督徒都有責任遵行的。因為聖靈已經厚厚澆灌在我們身上了（提多3:6是指聖靈已經作成的事），所以我們只要樂意順服聖靈，就可以「被」聖靈充滿。（也只有順從聖靈才能「被」聖靈充滿）。何況聖靈充滿的證據，也不是在地打滾，身體飄浮，一摸倒地，或頭腦空白，「說舌音」，有快感——不是！不是人外面的動作或身體的感覺，而是生命結出聖靈果子（加5:22f）。聖靈充滿，人裡面有得勝能力，喜樂、平安，外面則是安靜的（林前14:33）。

凡有了永生的基督徒，就當「求」上面的事：愛主順服，為主忠心，為主受苦，捨己愛人，在屬靈爭戰中靠主得勝，生命改變更像耶穌——這些才是新約聖經教訓的重心。

補充：

G. Moreshead:

"...Tragically, there are many believers who will settle for a prevailing experience of little or nothing but

——financial prosperity,

——career success,

——immediate and miraculous healings,

——uninterruptted happy family relationships,

——quick results in the service of the Lord,

——emotionally satisfying meetings,

——manifest answers to prayer, and the like.

(Worse still, God's people are being taught these days to expect these and similar blessings as normal Christian experience)! "

A. W. Tozer：「熱心禱告，並不能代替順服。」

20. 不要憂慮

彼前5:7「要將一切憂慮卸給神，因為祂顧念你們」。

我看過一篇感人的見證：Lucinda McDowell和祂丈夫都是很愛主的基督徒，家有三個孩子是丈夫前妻所生，如今都已長大成人了。一日，她整理家中雜物時，無意中發現一個小小的日記本，裡面貼著三張小相片，上面三個名字，原來是三個孩子幼小時的照片。相片底下寫著一句話：「主啊，我把我最愛的三個（孩子的）名字，交託在你手中」！原來丈夫前妻若干年前因癌症去世，那時三個孩子最小的才不到一歲。這句話就是孩子的媽媽臨終前所寫的。後來McDowell先生遇見了Lucinda，從那時開始三個孩子就在Lucinda那「基督的愛」中被撫養成人！——Lucinda見證說：「……我深信主有無限大能，知道對我們所愛的人，對我們，什麼是最好的。神不但能，並且肯保全我們所交託在祂手中的一切」。

我還聽過一個見證：二次大戰中，宣教士Pearl Young在中國被日軍關入集中營。那時，她父親正病重，哥哥被徵到歐洲前線。日本投降後，Pearl被釋放回家（加拿大）。她問妹妹，「那段最痛苦的日子，可把媽媽愁壞了吧」，妹妹說，媽媽一點也不愁。於是去問媽媽，媽媽說，「我不是不憂慮。因憂慮是得罪神，是罪……」

使徒彼得晚年在大逼迫臨近的時候，勸勉門徒，要將一切的憂慮卸給神。「卸」就是信靠。信

「主是」憐憫恩慈的主，是全能的神。因我一無所能，所以就放心地把自己所掛慮的事交託給主。耶穌是真盼望。

「卸」就是順服。「因我所遭遇的事是出於祢，我就默然不語」（詩39:9），只要在禱告中「把自己所要的告訴神」，（腓4:6），向神祈求，再加上一句：「願主旨意成全！」「仰望我們主耶穌基督的憐憫，直到永生」（猶大書21節，哀歌3:22-23）。

「卸」就是抓住主的話（應許）。彼前5:7就是一句寶貴的應許——神必看顧屬自己的兒女。

補充：

1.不但壞脾氣是為人製造痛苦，是罪，憂慮的天性，也是！這兩樣既傷害人，又絆倒人，所以是大罪！
2.憂慮無益（人不能，神全能，且有憐憫恩典）。
3.不憂慮的關鍵在乎「信」！大膽地「信」！加上順服！（不信耶穌，不信主的話，許多幻想的憂慮，白背重擔。信，大膽地信靠耶穌的應許，結果是見神跡！）

21. 活出新造

林後5:17「若有人在基督裡，他就是新造的人，舊事已過，都變成新的了」。新約教訓最突出的一點是：「江山易改稟性難移」這條鐵則，在基督裡已經砍斷了！耶穌能改變我們的生命（天性）。

信耶穌與拜偶像斷然不同。拜偶像的，只要按時磕頭、燒香、上供、捐錢、加上行善就夠了。但信耶穌不是作外面的事（不是單單作禮拜、奉獻金錢，等等）而是裡面生命的改變。有人以為一受了洗就大功告成了，這不是新約的教導。

救恩不是一個定點，而是一個過程。可以分為三步：

第一步是地位上的得救，是瞬間的，一認罪悔改，接受主耶穌，立刻得蒙赦罪（得「稱義」的地位），得著聖靈新生命（重生），成為神兒女，在神眼中算為聖潔了（成聖的地位）（羅15:16，林前6:11）。

第二步是經歷上的得救，是一生的事。第一步如同領了支票，第二步如同去銀行兌現。第二步就是開始走基督徒的道路，向得勝的生活邁進，日夜不停地靠主除掉舊造，增加新造，以致生命日漸改變，更加像主。

第三步是終極的得救，將來在天見主面對面，進入主榮耀，完全像主。

第一步是脫離罪刑，第二步是脫離罪權，第三步可說是脫離罪境。

我們初信主時得著的地位上的得救，必須變成經歷上的得救！我們得永生，不費分文，然而，要生命長大，生命改變，卻不是垂手可得。要活出生命，需要我們有一個心志（cf. Phil 2:12-13, II Thess 1:11-12, Ps 40:8），願意付代價，樂意與聖靈合作，順服聖靈，倚靠聖靈。唯獨聖靈能改變我們的生命。聖靈的工具就是十字架。所以，基督徒是畢生在屬靈的爭戰之中，跟從主耶穌走十字架得勝的道路。

基督徒要緊的，還不是為主作工，而是讓主作工在我們身上；不在乎為主做什麼，乃在乎我在主面前是個什麼樣的人。

我們所信的耶穌是活的，是死的？我們得到的永生是真的，是假的？——在我們身上要證明出來。

22. 愛是永遠長存

林前13:4-8「愛是恆久忍耐……愛是永不止息」。

愛的定義就是耶穌，愛就是十字架。「這愛」（耶穌的愛）是人天性中沒有的，也是人不能測度的。（弗3:18-19）。新約律法只有一個字，就是愛。主不僅是教導我們要愛，祂自己的生與死都是「愛（agape）」的註釋。祂給我們留下榜樣，又賜下新生命，使我們在今生也能活出一個有價值的人生。

這世上連最純真的愛，也還是有條件的；但神的愛是無條件的，無限度的。神的愛是愛那不配愛的人，是甘心情願，為別人的益處而自我犧牲。

愛的主要內容之一是忍耐。林前13:4「忍耐」這個字，是指對人的關係：恆久忍受，不報復。13:8這個「忍耐」，是指對環境說的：堅忍不拔，不灰心。

請問，這愛誰能活出？答：沒有人能！因這不是人天然的愛，不是祖孫、母子那樣的愛，不是夫妻之愛，更不是情慾的愛。不是人努力、修養能作到的。即使聖人還是作不到。

但主和使徒都教訓我們要活出這個愛來！如何活出呢？就是你我必需有一個心志樂意順服聖靈，受十字架的對付，與主同釘，戰勝我們的舊天性：主耶穌就活出祂的自己來！所以，無論愛主愛人，總是走十架道路。

愛是永不止息！在地上我們愛主，到天上還是愛主。有一天我們離世歸家的時候，有什麼可留給這世界？一切都必朽壞，天地也要廢去，唯獨人為愛耶穌而獻上的，永遠蒙神紀念（約壹2:17）。愛是永不止息！

九七年舊作，抄錄如下：

愛神順服像耶穌，[1]
愛人甘走十架路，
地上豈有常存事，
惟獨此愛永不朽。

[1] 康宜注：父親這首詩（也是一幅書法）寫於一九九七年一月，當時他們剛搬去加州不久，母親尚未生病。但不久母親忽然生病，由小病轉為大病，很快就病入膏肓，於九月十日逝世。母親的離世對父親的打擊很大，但他仍繼續依靠主恩，還是不斷感謝神。就在那年的感恩節，父親根據此詩，又寫了一幅新的書法，但開頭一行（「愛神順服像耶穌」）已改為「愛主順服像耶穌」，那就成了後來《一粒麥子》的扉頁題辭。（參見本書扉頁題辭）。

23. 受苦有益

詩119:71「我受苦是於我有益，為要使我學習祢的律例」。

一

主降世受苦的目的之一，是「擔當我們的憂患，背負我們的痛苦」（賽53:4）。世上無人能免於受苦，眼淚只有到天上才得擦乾。然而，有誰喜歡受苦呢？即使我們基督徒，受苦時一樣有掙扎，發怨言，問理由，怨天尤人，自怨自憐，失去平安。今天經文前半句說「受苦有益」！這個是基督徒對苦難獨特的看法。然而，單單受苦，不一定使人得益，惟有把「神」加進來，受苦才能得益。（詩119:71下半句「祢」字是關鍵字）。人離開神，一片漆黑，到神面前來，才能明白，一切的受苦神都有目的（美意）。什麼目的？我個人的經歷是，受苦使我（更加）認識神，也（更加）認識自己！

一個平素強健的人，無緣無故患了癌症，受盡百般折磨，那時才看見：原來我是這麼脆弱，「人算什麼！」那時才思想：生老病死，災禍不幸，那一樣我能控制？明天在誰手中？於是謙卑下來，說：「神啊你是陶匠，我是泥土」，「賞賜的是耶和華，收取的也是耶和華，耶和華的名是應當稱頌的！」（羅9:20-21，伯1:20-21）

所以，神賜苦難，乃是逼著我醒悟！——要把這高傲剛硬的「我」，趕到神面前，把它打碎，目的是叫我因這暫時的受剝奪，而得著那永遠的「靈魂的救恩」——永生。[1]苦難逼著我從自己的迷路轉回，歸向神的正路（箴14:12，賽30:20-21）。我們常有這樣的經歷：我們向神求「餅」，神給的竟是「石頭」！於是我們痛苦、失望、發怨言。那知，後來時過境遷，回頭一看，「啊，原來神給的不是石頭，我求的也不是餅！」惟有神知道什麼對我是最好的。這是個寶貴的發現：受苦使我對神的認識加深；信心、盼望、愛心都長進；主的同在也更加有真切的經歷。慈愛的天父往往需要忍痛奪去我在世上所愛的，為叫我得著天上永恆的，使我因禍得福！（PS 66:10）這真是神奇妙可畏的大智慧大作為（詩106:15，羅11:33-36）。

弟兄們，我們每天生活中一切大小的十字架，險峻的窄路，漫長的黑夜，對我們都是不能少的！但願我們不問神為什麼，不拒絕神的按排，不逃避十字架！順服「耶穌的順服」，我們也能得勝，且得勝有餘。

二

新約聖經的教導，就是門徒要跟主腳蹤，為主受苦，同主受苦。主耶穌來不是叫人生活得安逸，乃叫「人」的「價值」被提升，附合天上的樣式。我們若跟從主，就要付代價（太5:11-12為主受逼迫；可8:34捨己；可8:36, 37為天國有所捨棄；路12:51-53為主忠心，有所犧牲；路14:26, 27, 33捨親情、棄世界）。主在福音書中這麼說，使徒也是這麼教訓（徒9:16受命為主受苦；徒20:22-24為主捨命的心志；羅8:17同苦同榮；提後2:11，林後4:10同死同活；加2:20, 5:24, 6:14與主同釘；腓1:29，為主受苦；

1 康宜注：家父在他的《一粒麥子》「自用本」中，曾在此頁加了這一段手稿，但並未註明要加在哪一段，現姑且加在此處：「〈喻道故事〉皇宮高處二畫家，一個在架板上欣賞自己的作品，步步後退。正危急之際，旁邊那人舉起畫筆，一筆塗抹了他的作品……救了一命！」

腓1:20-21生死榮主；腓3:7-14今生經歷主苦、主死、主復活；林後12:10歡迎受苦；提後的主題更是為主受苦；彼前2:21跟主腳蹤；彼前4:1, 4:13, 14, 4:19為主受苦……）。

教會歷史就是這些教訓的註釋。教會一開始就受猶太教的逼迫，接著，就是羅馬皇帝尼祿到康士坦丁中間二五〇年連續的大逼迫。一部教會史就是用殉道者的鮮血寫成的。教會受逼迫是因基督徒對主耶穌至死忠心——1.唯尊「耶穌是主」；絕不向偶像禮拜、焚香；拒絕稱任何人、任何假神為主。2.不與世界同流（不淫亂，活出聖潔生活）。3.不求地上事，專一仰望天上，（等候主再來、審判、新天新地）。4.弟兄彼此相愛，5.受冤受害不報復。——基督徒隨時準備好在生命與信仰之間作抉擇。

大逼迫二五〇年，血流成河，前仆後繼。餵獅子、活活燒死、縫在獸皮裡，燒成火炬，及其他不忍記述的酷刑……。在此只提Polycarp為例：他是老約翰的門徒，士每拿教會監督，在A. D. 155年被逮，敵人要他拜羅馬皇帝，否則處死。他答道：「我服事基督八十六年，主何曾虧負我，我豈能褻瀆我救主！」於是綁在木樁上，立刻澆油火燒，那時，Polycarp禱告主說：「全能的主，……我感謝祢……因祢的恩典，使我配得有今日，此時……」

人生總是要受苦的，為自己受苦毫無價值，為主受苦，得主榮耀。門徒進天國之路，就是效法前面的眾聖徒，跟主受苦。信耶穌得永生，但要享永生、平安，就要為主有所犧牲。

我們不一定有機會為主捨命，我們也一定不會自找苦吃，但是，我們若要選擇愛主，遵行主旨主命，就必然要為道而受患難，逼迫（可4:17）。我們若為主活、見證主、榮耀主、為主盡忠，就必定如此。——但我們若知道今天在地上，這些大小痛苦，都是為了愛主而受的，心中就充滿那說不出來的榮耀、喜樂！（彼前1:8-9, 4:13-14；徒5:41；太5:11-12，林後4:16-17）。因我們也在那跟從主的行列之中，也算是配得「為這名」受苦受辱（徒5:41）[1]。

[1] 康宜注：根據家父的修訂稿，此章的末尾是有兩項「補充」的，但今刪去。這是因為這兩項「補充」在第三十五篇又重複了，而且敘述得較為詳盡。請見第三十五篇末尾的「補充」。

24. 父吸引人

約6:44「若不是差我來的父吸引人，就沒有能到我這裡來的」。

真希奇，居然有不信神的「神學家」！二十世紀有一般自由派神學家，主張應該把新約的福音改成「人」理性所能接受，邏輯能通過的樣式。神的話，他們說是「神話」，他們倡言除掉神話——他們不信童女感孕，不信耶穌復活升天……，把歷代教會信仰的根基一筆勾消，他們還信什麼！

獨一真神，不是「人」智慧，邏輯造出來的。神是造人的神，人的理性，邏輯觀念，是神造的，神遠大於理性，人想憑理性去明白神的事，如同緣木求魚。自由派神學家竟要改裝福音，叫人理性能接受，豈不怪哉！今天教會還是常見開什麼Seminar，請人來用科學「證明」是神創造天地，這是多此一舉。神不需要人的幫助，人也不可能以科學證明神。聖經開宗明義，「起初神……」，這是神權威的宣告！聖經不是給人辯論的題材。保羅說，這福音本是「神的大能，要救一切相信的」！（羅1:16）。曾有人這樣說：“I can never believe in a god who can be explained by philosophy, nor a god who is no greater than we are.”

兩千年來，基督教會，歷經羅馬帝國殘忍的大逼迫，又經一千多年羅馬天主教的背道，至今真屬基督忠於聖經的教會，仍屹立不動——這並非因為福音是最高深的哲學，而是神大能的奇妙作為。

可惜今天有不少「教會」，遷就世界的胃口，想用「××學」來吸引人，結果教會充滿了貌合神離的基督徒。信耶穌，全憑一個信字，就連這個信，也是不可思議的神的大能。我們信耶穌，不是因我們聰明，乃是神的恩典。我們傳福音，有人接受，那不是由於我們能言善道，乃是出乎神的恩典。信是奇妙的事，我不能先證明耶穌才信，但我信了自然能證明所信的是真的。至於我怎麼能信，還是說不出所以然來。

「你們若不回轉，變成小孩子的樣式，斷不能進天國」（太18:3）。唯有神能吸引人，叫人醒悟自責，叫人回心轉意，叫人能謙卑，有渴慕順服真理的心。

25. 弱乎？強乎？

林前4:10「我們為基督的緣故算是愚拙的，你們在基督裡倒是聰明的；我們軟弱，你們倒強壯，你們有榮耀，我們倒被藐視」。

千古奇聞：人審判神，人釘死神！人把耶穌釘在十字架上，自鳴得意，還嘲諷祂，說：「你若是神的兒子，就從十字架上下來吧」！耶穌下來沒有？沒有！那麼耶穌還是不是神的兒子呢？是！耶穌不下來才證明祂「真是」神的兒子，主甘心為我作避雷針（可15:39）！耶穌無罪，被人處死，受人揶揄，祂默默無聲。祂沒有理嗎？當受難前夜，耶穌出來面對那上百個來捉祂的人，祂不慌不急，只鎮定地說，「你們找誰？」他們說找拿撒勒人耶穌。主說，「我就是！」這兩個字一出口，眾人都應聲後退倒地！耶穌是掌管萬有的神（太26:33）！祂控制一切。祂知道祂是誰，祂知道降世為人的使命，祂一路「定意」向耶路撒冷去。祂說，「沒有人奪我的命去，是我自己捨的！」（約10:18）。這個猶太人捉祂，祂不逃，打祂辱祂，祂不還口，把祂釘在殘酷的十字架上，祂不辯理。猶太人想：這個耶穌太懦弱無能了！「祂救了別人，不能救自己」，這還算什麼彌賽亞！人看祂軟弱可憐，撒旦看祂是澈底失敗了，但耶穌被掛在十字架上，鮮血淌流，說，「成了」！

耶穌為父的緣故，甘願放棄祂為神的尊榮，成為肉身，又甘願放棄祂為人的尊嚴、自由、權利。祂不從十架上下來，顯明了神的大能！——至強甘為至弱，至尊成為至卑，至榮成為至辱，至智甘為至愚。

今天我們跟從耶穌的人如何？照樣與主同行一路。保羅說，我們「為基督的緣故」，成了愚拙的！（We are fools for Christ’s sake）。世人看我們，被罵不還口，受欺不報復，還為仇人禱告，這多沒出息，沒志氣！我們呢？甘心情願作弱者，為基督的緣故！

強乎！弱乎！

西1:15「愛子是那不能看見之神的像」。

26. 耶穌：真神真人

神最完全的自我啟示就是主耶穌基督。舊約時代的先知，說：「耶和華如此說」，但耶穌說，「我實實在在告訴你們」。當年在加利利海邊行走的耶穌，就是神行走，耶穌說話就是神說話（約1:18, 14:6）。耶穌說，祂就是神，是基督。耶穌說，「我的見證是真的……差我來的父是真的」（約7:18, 28），「我與父原為一」（Jn 10:30）。耶穌是歷史事實，當代猶太史學家約賽法未曾說新約是杜撰，兩千年來也沒有誰指出耶穌是騙子、是瘋子或是個道聽途說的神怪人物。耶穌是馬利亞所生的一個嬰兒，從小長大，是祂家人，鄰里、親友、門徒，以及反對祂的當權者所認識的。耶穌是真人。耶穌是神，沒有罪性，但耶穌有肉身，所以受苦受試探是真實的，完全和我們一樣，在面對試探祂內心一樣掙扎，一樣受苦，所以祂能同情我們的軟弱。祂得勝試探是因祂在內心激烈爭戰中作了意志上的抉擇（Heb 5:7-9/ Jn 17:1-/ Jn 10:18/ Mt 26-39/ Jn 12:27-28/ Jn 18:11）。我們的掙扎就是祂的掙扎（祂與我們認同，祂都經歷過了）；祂得勝是因意志上的抉擇，所以我們也當與祂認同，祂的得勝就是我們的得勝了。

但耶穌也是真神。祂自己如此說。祂一切思想、言行、生活、榮耀、權柄，也都證明祂是神。試想一個未曾受過正規教育，一生足跡不出巴勒斯坦彈丸之地的拿撒勒人耶穌，祂說：「一粒麥子不落在地裡死了，仍舊是一粒，若是死了，就結出許多子粒來」。又說：「你們的話，是，就說是；不是，就說不是；若再多說，就是出於那惡者」（Mt 5:37）[1]。這樣的話，一個窮鄉僻壤的木匠可能說嗎？耶穌說，「你們中間誰能指證我有罪呢？」試問古今中外那位聖人敢如此說話？再說，彼得，保羅不可能為一個騙子而捨命。主復活升天後，在耶路撒冷有一百二十人聚集禱告，耶穌的母親，兄弟也在其中，這如何解釋？耶穌是神！基督教會兩千年來歷盡逼迫，外有強敵，內有異端，到如今沒被消滅，福音反傳遍世界！我只能說耶穌是神，否則無法解釋。

耶穌是真神，又是真人。你說，那怎麼可能呢？不錯，在理性上我也不能解釋，但我能證明耶穌改變了我的生命！

耶穌的名就稱為「奇妙」（賽9:6）。

補充：

耶穌是真理的神（1Jn 5:20, Isa 65:16, 8:19-20, Jn 14:6）。人有尋求真理的本能，但人當信「真」神！宗教、哲學、以至於學說、主義……皆從人而來，即使聖人也是有罪的，必死的、有限的。人的話，不能存之永遠，不能放之四海皆準。

耶穌是「真」神！（獨一真神的像，II Cor 4:4. Heb 1:3）。主自己說：祂是真實無偽（Mt 5:37），人見證祂是「真」（Jn 4:42, Mk 15:39）。

約翰福音中，「真」字用的特別多。門徒都見證祂是「真」（IJn 1:1, 5:20, IICor 1:19-20, ITh 1:9, 1:2, II Pet 1:16ff, Rev 3:14,19:11）。

1 康宜注：家父修訂稿只註明出處“Mt 5:37”（即馬太福音5:37），今加上引文。

主耶穌是獨一真神（Jn 17:3），是萬古磐石（Mt 16:18; Isa 8:14-15, 8:19-20, 28:16, 65:16; Ps 18:2, 18:31...; ICor 3:11,10:4; Heb 13:8, IPet 2:4-8）。

聖人能指示真理，宗教家能摸到一點光，但唯神子耶穌，祂「就是」真理（Jn 14:6），「就是」光（Jn 8:12），「就是」生命（Jn 14:6, 1:4, 11:25），就是愛（IJn 3:16）……耶穌是磐石，唯耶穌靠得住！

凡信耶穌的，遵祂而行的，便是有福（Jn 13:17, Jn 20:28-29. cf. Ps 32:1, 34:8）。

附「磐石歌」[1]

萬古磐石為我開，容我藏身在主懷；
願因主流水和血，洗我一身眾罪孽，
使我免干主怒責，使我污濁成清潔。

縱使勤勞直到死，一生流淚永不止，
依舊不能贖罪過，唯有耶穌能救我，
兩手空空無代價，只靠救主十字架。

當我呼吸餘一息，當我臨終目垂閉，
當我誕登新世界，到主座前恭敬拜，
萬古磐石為我開，容我藏身在主懷。阿們！

---

[1] 康宜注：家父的修訂稿只註明「附『磐石歌』」，但並沒附上歌詞。今附於此。

27.邪物，邪術

提前4:1「聖靈明說，在後來的時候，必有人離棄真道，聽從那引誘人的邪靈和鬼魔的道理」。

我信主以前認為算命、看相，這些事是迷信，胡說。信主後才知道這些事後面是「鬼」在指揮，所以真「靈」。因為鬼是靈，是有位格的。這世界都在他控制之下（約壹5:19）。我在此要提醒各位弟兄姊妹，基督徒若因好奇，胡裡胡塗去接蝕邪靈，研究邪術，其後果是十分嚴重的。現今邪靈的活動已藉Internet而打進家庭，基督徒更需警覺，逃避一切可能「與邪有關」的事。從舊約到新約，神都嚴嚴禁止「屬神兒女」與邪靈、邪術有牽連（申18:9-14，林後6:14-17）。

為了我們對主忠心，為了保護自己和家人，也為了教導其他信徒，我提出以下幾個最基本的警告：

第一、以下是要除淨的東西（家中、車中、身上絕對不可有的）一一凡古董、藝術品、紀念品（無論是陶瓷、雕刻、字畫、刺繡、書刊……）上面有菩薩、觀音、佛像，或有恐佈、鬼怪、邪惡的圖相（如龍、蛇、骷髏），或有淫穢的圖相文字、暴力、殘忍的音帶、影帶等等，以及一切拜偶像，祭鬼的用具（如符咒、念珠、香爐、邪術書之類），都務須除淨。可請教會的牧師，長老或年長的弟兄主持，禱告唱詩後銷毀。

第二、以下各種活動是絕對不可靠近，也不可好奇研究的：

1. 拜偶像，拜撒旦（撒旦教都有殘忍的事，如人頭祭鬼，割身，也有集體淫亂，集體自殺或謀殺的事），交鬼、過陰、巫術、通靈術、Psychic、特異功能（如紫微斗數，靈魂出竅）。

2.人以為無害的事：各式氣功、打坐、TM、瑜伽（Yoga），催眠術等等。（這些事確有健身、治病的功效，但那只是撒旦的釣餌，一旦身陷其中，不可自拔）

3.人以為好玩的事，New Age教義與邪術，Visualization，以××心理學，××心理分析學為名的邪書，不可好奇，不可研究。算命、八字、手相、面相、風水、astrology、姓名學、測字、字體分析（graphology）八卦、碟仙、扶乩、靈應盤、鐘擺算命、水晶球，等等。都是邪靈的工作。

注意：屬於第二項者，若有觸犯，後果不堪設想，輕則精神病，甚至發瘋，重則喪命。而且凡接蝕過邪術的人，都影響到後代。靈界的事是很厲害的，不可輕忽！

28. 背十字架

可8:34「若有人要跟從我，就當捨己，背起他的十字架來跟從我」。約翰福音「3:16是福音的縮影，馬可福音8:34是基督徒的南針。（傳講福音Jn 3:16只是總綱，必須連3:13, 18-21，不可斷章取義，不能只強調神的愛，Jn 3:16的根據是人的罪）[2]。

凡基督徒都是門徒（徒11:26），而保羅更稱我們為聖徒（林前1:2），因此，可8:34是對每一個基督徒說的，每個基督徒都該受教，認識聖經（尤其新約）全面的真理，向得勝、成聖的經歷邁進。你我領人歸主以後，並非大功告成，我們有責任教導入門的人，如何走道路。信耶穌是一瞬間的事，走道路卻是一生之久，直到見主面。

主在此說，第一是捨己。「捨」原文是「否定」（與可14:30-31「不認」是同字）。人信主後與信主前，最大的分別就是，以前，凡事照「我」的意思；今後，凡事按神的意思（可8:33，太26:39，

1 康宜注：當初一九九八年發行的《一粒麥子》版本（自印本），居然把這裡「福音」兩字誤印成了「禍音」。於是家父評論道：「這個字錯得離譜，卻也錯得奇妙——福音不是、神的恩典天上堆不下了，拿到地上來大減價拍賣。福音是警告罪人審判將到了，大禍臨頭了，勸罪人悔改。悔改的就得了福音，對不悔改的，就成了『禍音』了」！（見以下第五十八篇，倒數第二段）。

2 康宜注：家父在他的《一粒麥子》「自用本」中，曾在此頁加了這一段手稿，但並未註明要加在何處。今姑且加在此處。

約6:38）。我們大約沒有機會為主捐軀，但自我中心的天性必需治死。

第二是背十字架。背十字架就是死，「存心順服以至於死」！捨己與順服神，是不可分的，都需靠十字架來作成。信耶穌不能不付代價：要靠著聖靈，天天釘死「己」，時時刻刻除掉那悖逆的老天性。（主認同我，主釘十架；我認同主，我釘十架。十字架[1]（+）不僅是主被釘，也是你我被釘之處）。

第三是跟從耶穌。信耶穌就是回轉（回心轉意）。以前是任性，走「己」路，以前是跟世界潮流走，以前是由撒旦領路。如今是一百八十度回轉，面向耶穌！耶穌走的是十字架道路，我們照樣跟著走，隨走隨變！靈命要長進，經歷得勝生活，生命要改變，日漸有耶穌的樣式：這是新約聖經對每個基督徒的期待。

生命長進，並沒有捷徑，也不可能速成。生命長進的關鍵就是，要有一個樂意為主受苦的心志，樂意為主有所捨棄（羅8:17，腓1:29，可8:35-37）。

「若有人要跟從我……」，主不勉強人跟從祂。我們要不要作主的門徒，在乎自己的抉擇。

補充：

「我已經決定，要跟從耶穌
我已經決定，要跟從耶穌
我已經決定，要跟從耶穌
永不退後，永不退後！」

1 康宜注：原稿沒有「十字架」三個字，今且加上。

（計志文牧師[1]佈道會上所唱）。

12-22-00

晨禱領受

基督徒的困境

Mt 26:39/Mk8:34/Mt 7:13-14

To follow or not to follow, that is a question. 真基督道路的bottleneck就是：跟嘛，代價何其大，不跟嘛，又捨不得耶穌。

一個馬馬虎虎的基督徒，他的路是好走的。但一個真心實意追求真理，羨慕得著耶穌的平安喜樂的門徒，他的路一定是難的！

所以，主說：「你們要進窄門！」（付代價）。

我們不要想又要永生，又走寬門大路！我們若徘徊歧路，舉步不前，陷在泥淖中，撒旦必趁火打劫，全力進犯。我們若不能突破瓶頸，可謂比不信的人更可憐！

基督徒只有一條路：「起來，我們走吧」（Jn 14:31）。

這條路，靠自己沒有誰能走得下去的。感謝神，主與我們同走，我們不是孤軍奮戰：主走在前頭（Mk 10:32），我在後面跟（Mk 8:34）。什麼叫跟？一句話，就是順服耶穌！我們能順服主的順服，主耶穌就成為我們的力量，祂隨時加我們力量。我們不能捨己，不能背十架，不能跟從，不能順服，但主能！主能使我能！

讓我們樂意obey His will，樂意surrender my will！不順服，多少禱告都無益。主給我們命令就是「你跟從我吧」（Jn 21:19）。

---

1 康宜注：計志文（Andrew L. Gih），一九〇一－一九八五年，是中國著名佈道家，中國佈道會創辦人。一九七八年退休後定居美國洛杉磯，於一九八五年去世。

29. 自是

箴28:26「心中自是的便是愚昧人」。

黑格爾有一句話，「歷史的教訓，就是人不能從歷史中學得教訓」。想來人是很可憐的。我若犯了錯，走入歧途，旁觀者清清楚楚，但是有誰肯，誰敢，糾正我？萬一有人指明我的錯，我又絕對聽不進去。因而我一生就反復在失敗之中。

人的問題是，人沒有「自知」之明！中國俗語說，「知人知面不知心」，我不能知道他的心；但耶穌說，「你們的心如何，你們並不知道」（路9:55）。原來我連自己的心都不知道！心中「自是」，就是倚靠自己，信靠自己的心。然而，自己的心如同一面扭曲的鏡子，使人對自己不能有正當的評價，總是自視過高。自是就是「高傲」的表現。不信神的人，天生高傲自大。信了耶穌，起初我們是比較謙卑了，但日積月累，聖經知識多了，驕傲又來了：自以為知，好為人師。

主耶穌當年對祂本國的宗教家，法利賽人，直指他們的罪，他們的反應如何？——「你是誰？我們是亞伯拉罕的子孫！」耶穌向眾人傳講天國的福音，說了比喻後，常加上一句，「有耳可聽的，就應當聽！」可惜，法利賽人沒有受教的耳朵。

人性的中心，就是高傲自大。連極小的孩子，你說他錯都不行。人天生就是「我不會錯」。若有人說我錯，就是冒犯我的自尊，傷我的面子。這就是「忠言逆耳」的道理。

大衛是合主心意的人！因他貴為君王，卻向神極其謙卑。他深知自己是罪人，他向神呼吁，「……誰能知道自己的錯失呢？願你赦免我隱而未現的過錯」（詩19:12; cf. Jer 17:9/Ps 18:28/1Jn 1:7）」。他說他沒有自知之明，求主察看。人需要神的光照才能看見自己的心！（詩36:9）。唯有謙卑的人，才聽得見聖靈微小的聲音，自省自責。

心中自是的便是愚昧人，唯獨敬畏神才是智慧的開端。

30. 默想神的話

詩1:2-3「惟喜愛耶和華的律法，晝夜思想，這人便為有福。他要像一顆樹，栽在溪水旁，按時候結果子，葉子也不枯乾，凡他所作的盡都順利」。

現代基督徒最難的事，就是如何在紛忙嘈雜的世界裡，忙裡偷閑，進到神面前，與神交通。讀經匆匆促促，受益不多，要在安靜中一面讀一面禱告默想，才能蒙聖靈光照，把神要向你說的話啟示給你。獨處、安靜、認罪、刻苦、心志——這是人聽到神的聲音之條件。〔Mk 1:4,1:6（施洗約翰）；IKing 19:8-9, 11-12（以利亞）〕。你必須先有主的話（主要是NT），一有軟弱，聖靈就叫你想起主的話來！

我不給自己規定一天必讀聖經幾章，但一定要天天讀，那怕一節也好，最要緊是「晝夜思想」，如牛反芻，反復咀嚼，才能發現隱藏的珍寶（箴2:4）。神的話一定要自己讀！讀參考書、註釋書，都不能代替「自己讀」。先不要去查串珠，要漸漸讀出自己的串珠來！因為神必有特別的亮光給你（同一節經文，今天讀，兩個月後再讀，你讀，我讀，亮光都不同的）；因為神的話是生命，是活的（約6:63，來4:12）。

我若比作一棵樹，主的話就是生命活水泉，渴慕「神的話」，就是紮根在溪水旁。樹最要緊的是根，根在人所不見的隱秘處，一點一滴，不住吸取活水，一邊紮根更深，一邊向上成長。紮根吸水，就是「吃」神的話！耶利米先知說：「……（主啊）我得著你的言語，就當食物吃了，你的言語是我心中的歡喜快樂（耶15:16）。」聖經單單懂了，知識增加了，還是不夠的，還是客觀的知識，它是它，你是你。「吃」乃是樂意遵行！紮根是費力的，是痛苦的，細根要不停地向著堅硬的泥土沙石前進！讀了神的話，得了亮光，就立志順服，遵行（約7:17）——這才是紮根；這樣，「話」才是你的，成為你生命中的一部份，你就是話，話就是你。

樹紮根吸水，自然就結果子（約15:4，加5:22f）。有生命的基督徒是有見證的。「葉子也不枯乾」！雖栽在沙漠地上，烈日當空，葉子卻仍青翠！我們在各樣的難處，一切的遽變，任何的遭遇之中，仍能靠主的話得勝，心享安息！（「我若不是喜愛你的律法，早就在苦難中滅絕了。我永不忘記祢的訓詞，因你用這訓詞將我救活了」，Ps 119:92-93）。[1]

唯「喜愛」神的話！基督徒生命長進的記號，就是「喜愛」神的話。渴慕神的話，被神的話吸引！如同蜜蜂自然被花粉吸引。

弟兄們，有的基督徒，以聖經為裝飾，有的視讀經禱告為例行公事，也有的以讀經為「作功德」，我們務須剷除這樣的心態。

1 康宜注：家父的修訂稿只注明詩篇的章節（Ps 119:92-93），並在該頁寫道：「有Ps 119:92-93 的經歷嗎？」今在此加上詩篇的經文（Ps 119:92-93）。

補充；

1.聖經需天天讀（吃生命糧，喝生命水）。

2.聖經要熟讀，重要經節尤其存記在心，才能（1）觸類旁通，（2）隨時應用。

潛移默化，耳濡目染。

更深認識耶穌，生命長進，在乎遵行，經歷主的話！

「神的話」＝聖靈的寶劍（攻防魔鬼之必要武器）。

31. 肉體的死

腓1:23「離世與主同在……是好得無比的」。

基督徒死後往哪裡去？新約聖經的啟示清清楚楚。但我曾見有人在墓碑上刻著：「安息於此」，或「在此等候復活」等等。腓1:23說「離世與主同在」。我死了，我不是埋在泥土底下，而是我與基督同在了！當我死時，我的「真我」（靈魂）就立刻與主同在了，泥土下面是我必朽的軀體，是我脫下的帳篷。所謂等候復活，是我在天上等候。

澳洲聖經教師H. C. Hewlett在腓1:23註釋中說：

"Death, for the Christian, is to be away from the body and at home with the Lord. In this disembodied state, his condition is one of consciousness, of freedom from sin, and of completeness in holiness, and, moreover, of the joy to which earth has no equal, that of beholding Christ directly and of dwelling in His presence..." 。

此外有關的幾節經文：

林後5:8「我們坦然無懼，是更願意離開身體，與主同住」。

路23:43「耶穌對他（指同釘十架的那個悔改的犯人）說，今日你要同我在樂園裡了」。

徒7:59「他們正用石頭打的時候，司提反呼吁主說，求主耶穌接收我的靈魂……」。（Also, ITh 5:10, II Tim 2:11, Jn 12:26, Jn 17:24, Heb 12:22-24）。

人面對死亡，或與所愛之人死別的時候，才知道「有耶穌」是何等寶貴！耶穌有永生，耶穌是永生——我們永恆的盼望。

補充：

人死後（按NT的啓示），人的靈魂只有兩個去處：一是信耶穌的，死後立刻與主永同在、在樂園裡，二是拒絕耶穌的，靈魂先到陰間受苦（不是煉獄），等候白色大寶座的審判，最後被扔到火湖裡，永遠與神隔絕！朋友，願你今日選擇活路。

32. 末世邪靈猖狂

可13:23「看哪！凡事我都預先告訴你們了」。

聖經真奇妙，兩千年前主所預言的事，向以為沒有可能的事，今天都出現在我們眼前了。主再來以前，要發生什麼事？今天已經看見：天象反常，環境污染，溫室效應、Ozone層破洞、冰山溶化、天災地震頻仍等等。此外，使徒也預言末世、人目中無神、道德淪喪、罪惡泛濫，是非標準蕩然無存，各人任意而行，最奇怪是連小學的孩子，也犯得出慘絕人寰的罪來。

新約聖經也預言，末世在靈界將有怪異的現象（提前4:1，帖後2:1-4，太24:4, 24, 26，啟12, 13, 16等）——邪靈活動益見猖狂！二次大戰停戰後，我們親見日本忽然生出許多邪教，如雨後出筍，而歐西所謂的「基督教國家」，教會沒落勢如破竹，邪說氾濫。及至六十年代，東方神秘宗教與邪術，大舉進攻歐美，今天美國已變成撒旦大本營！撒旦教可以公然活動（以殘暴、淫亂、殺害著稱），竟受法律保護，而基督徒在學校或公共場所禱告反倒違憲！大街小巷是Psychic的招牌，打開報紙，都有Astrology，到處是巫術，女巫。新世紀運動（New Age Movement）（人本主義，無神論，輪迴思想與東方邪術，交鬼……的溶合體），已席捲知識份子。[1]Internet出現以後，表面看是便利知識傳播，其

1 康宜注：在父親的修訂稿中，這裡還加了一段筆記心得，但那似乎是為了他個人思考而寫，他不一定希望與所有讀者分享，故略去。有興趣的讀者，將來可參考耶魯神學院圖書館The Paul Yu—kuang Sun Collection所藏的孫保羅《一

實立即被撒旦所利用，成了犯罪的利器，什麼犯罪，造炸彈，殺人的技術，都已打入家庭；電腦遊戲無形中混入許多邪教邪術的符號，咒語，工具……，與此相伴的是殘暴，淫亂，仇恨，殺人，自殺。青少年首當其衝。此外，近來已有不少人起來自稱基督，自稱先知，自稱是神！人起來宣傳說基督將於某年、某日，在某地降臨（cf，可13:32），欺騙了許多人附從——都是照新約聖經所預言！

可憐，面對今日撒旦如此猖狂肆虐，基督徒竟視若無睹，教會噤若寒蟬，唯恐得罪了鬼，這是一種可憐的軟骨病，恐鬼症！

弟兄們，主耶穌把我們從魔鬼手下救出來，那惡者是不甘心的，我們逃不開屬靈的爭戰（弗6:10-13）。你不抵擋他，他要吞吃你！所以我們有責任揭穿魔鬼一切的工作和陰謀詭計，並且教導別人，一同儆醒，靠著得勝的主耶穌大力抵擋撒旦（林後2:11, 11:14；彼前5:8-10；雅4:7；弗6:14-18）。林前15:57：「感謝神，祂藉著我們主耶穌基督，把勝利賜給我們」。[1]我們應當是主耶穌的見證人（啟12:11），但我們是不是呢？魔鬼知道你我是不是「真」基督徒（徒19:13-16）。那惡者只恨「真」基督徒，也只怕真基督徒（路10:19）。

粒麥子》「自用本」。

[1] 康宜注：家父引用的這段譯文（林前15:57）與中文和合本聖經有異。和合本作：「感謝神，使我們藉著我們的主耶穌基督得勝。」

33. 罪根

賽53:6「我們都如羊走迷，偏行己路，耶和華使我們眾人的罪都歸在祂身上」。

我最佩服聖經的理由之一是聖經對「人性」的解釋，完全與我的經歷相合。聖經給我照了一張X光片，神說：「你不快樂！」對呀！我是不快樂。為什麼？「你有病！」神指著我說，「你有罪！」什麼叫罪？罪就是「偏行己路」，就是人悖逆神（賽59:12-13），「至於我們的罪我們都知道，就是悖逆，否認神……」罪的核心就是「己」（self）：「我」要「自」主、自由，掙脫神的管束。

我的問題就是「我」！「我」就是自我中心——高傲（目中無神、我就是神，賽47:8-10），剛硬（人人要聽我的，神也要依我）。向神高傲剛硬，結果就產生了：自以為是，自以為能，自私自利。從此又產生：驕傲、嫉妒、仇恨、貪心、詭詐，從此又生出：利用人、控制人、傷害人；最後就是殺人、放火、姦淫、掠奪……！先有罪性，才有罪行。

罪性就是「己性」，就是人與神的關係破壞了。比如一張唱片，洞在中央，用以旋轉，假設我異想天開，在旁邊另打一個洞，聽起來結果如何？一切混亂！人神關係顛倒了，人與人關係就出問題了；人與人關係破壞了，人與己的關係也破壞，（內心是混亂、衝突、空虛、痛苦，人成了自己的敵人）。

Let God be truly God; let man be truly man! 人在神面前要站對了地位：被造之人理當向造他之主跪下（詩95:6-7）。人如果不服氣，一定要當神，偏行己路，固執己見，結果就是自殺。不但個人如此，全人類也逃不開這一條律。今天世界已經失控，向毀滅猛衝！為什麼？人要當神！歷史學家A. J. Toynbee說，一部人類史，就是羅馬書6:23的註釋！人一切哲學，一切的文化，都是人本主義的，反神的，自高自大的！朝代改變，革命不斷，人性不改變。

基督徒信了耶穌，立刻要讓神來對付「我的己」！離開己路，回歸神的路，糾正我與神的關係！這是永生平安之路（約拿1:12）。

補充：

新約是給小孩子寫的，福音是給窮人預備的。人若回轉成小孩子就聽得懂耶穌的話，人若樂意丟下包袱作窮人，就能看得懂聖經（NT）了。（Mt 11:25/ 18:3/ Mk 10:21/ Jn 3:3/ ICor 1:21-23, 2:2-7, 2:10-14）。

34. 勿與鬼打交道

林前10:21-22「我（保羅）不願意你們與鬼相交……。我們可惹主忿怒[1]嗎？我們比祂還有能力嗎？」

今天世上，無論東方西方，都是邪靈充斥，正如聖經所預言的。可嘆的是連基督徒也不能分辨邪靈詭計，練氣功，看風水……以為無所謂，不知這是惹神忿怒的事，有極嚴重的後果！務請讀以下各處經文，申18:9-14；利19:31；20:6, 7；申7:25-26；賽8:19-20；耶29:8；林後6:14-7:1，等等。

問一：命運在誰手中？現今人心惶惶，一切都無把握，迫切想要知道未來的事，以避禍求福，於是去求「神」問卜。然而人所求所拜的命運之神，並不是神，而是鬼的假冒（賽65:11-12, 45:7）。獨一真神，萬有主宰，生命的源頭，才是掌管命運的神（詩139:16，徒17:26）。禍福都出於神！（賽45:6-7, 65:11-12, 16）。神許可人受苦，神都有目的，在各人身上有奇妙的計劃（耶29:11）。人若行在神旨意中，就轉禍為福。

問二：算命靈不靈？有靈有不靈，但凡真「靈」的，都因有後台老板（邪「靈」）。神行神跡，皆出乎愛，領人歸向真神而得救；鬼行假冒的神跡奇事，都為了害人，叫人驚奇，而怕他，拜他，拖

1 康宜注：和合本聖經作「憤恨」，《聖經新譯本》作「忿怒」。

人靈魂下地獄。人拜鬼，就中他的圈套，被他牢籠、擺佈、壓制。（人即使去「拜」一塊石頭，鬼就藉這石頭害他。除獨一真神以外，人所拜的都在魔鬼權下。）

問三，基督徒為何練氣功，打坐……？他們說，能使人健身，舒解壓力，但這是鬼的釣餌！一旦練進去，就不可自拔（見證很多）！基督徒應有的態度：若健身的活動與邪靈有染，我寧可不健身。Kurt Koch有一見證：幾位基督徒在沙漠行路，乾渴無水，土人說當地有巫師能找水源，這些基督徒回答說「我們不去，寧願渴死」！凡可疑有邪氣的人，事，物，基督徒一點都不可沾，勿因小失大。

問四：基督徒為何對邪術有興趣？凡邪惡，黑暗，污穢，神怪的事，都引人入勝。撒旦利用人的好奇心吸引人。知識份子說，我們要「求證」，要「研究」個中究竟！有人「實驗」靈異之事，結果患了精神病，喪命的也有，（皆有見證）。有人說，我可以懸崖勒馬，保羅說「我們比神還有能力嗎？」緊急煞車，人辦不到！基督徒的態度應該是「逃避」試探！不沾邪，不沾污穢！要與邪靈撒旦劃清界線！凡屬靈界的事，新約聖經都啟示得清清楚楚，千萬不可離開聖經去探索世上的邪術、邪書，靈界的事是很厲害的！（只可以讀真基督徒的見證和經歷，例如陳潤棠著破迷、驅邪、趕鬼等等，以及Kurt Koch的Demonology Past and Present，中譯《鬼附與精神病》等書）。

要小心，世上有許多邪書，現在多打「心理學」或「心理分析學」的招牌，掩飾邪說，知識份子很易上當。

問五：基督徒如何才不受邪靈侵害？第一、作真基督徒，忠主愛主（林後11:1-3；啟12:11；約壹5:18-19）。鬼認識你我是不是真基督徒（cf徒19:13-17）。第二、要抵擋撒旦！心中一有邪念，或遇上邪惡的事物，心中口中立刻說，「我奉主耶穌的聖名趕逐撒旦！」（雅4:7；路10:19；彼前5:8-9；弗6:1-18）主寶血主聖名是我們永遠的保障！（約10:28；羅8:34-38；啟12:11）

我憑主的愛勸勉弟兄姊妹，在這末世撒旦作困獸之鬥的時候，我們更加需要主的保護，所以，要警覺，要禱告，在主面前清白忠貞，切勿失了寶貴的永生。

35. 怎樣死

腓1:20「或生或死，總叫基督在我身上顯大」。

「顯大」就是「得榮耀」。

基督徒的人生，只有一個目標，就是榮耀神。林前10:31「所以你們或吃或喝，無論作什麼，都要為榮耀神而行」。我們為主而活，也就是為榮耀主而活。

信了耶穌以後，我覺得過日子簡單多了。未信主時，作人真難。凡事都顧慮別人的看法，別人的好惡，別人對我的評價，要投人所好，真不容易。但信主以後，大小事一個準則，就是榮耀神！基督徒愛神不愛神，以什麼為衡量的標準？就是看我們榮耀神與否（合不合主的心意，能不能叫人因我而歸榮耀給神）。

信主以後，我們的言行舉止都要榮耀神；吃喝、服飾、生活方式要榮耀神，心思意念要榮耀神，感情、情緒也要榮耀神。榮耀神是要付代價的。揀選神旨意的人，必定要為主受苦，甚至受死（Acts 15:22/ ITh 3:3/ Phil 1:29/ II Tim 3:12；徒15:26, 20:22-24, 21:12-13）。

主復活後在提比利亞海邊向七門徒顯現時，特別安慰鼓勵彼得，預言彼得老年要為主受苦，約21:18-19「耶穌說這話，是指著彼得要怎樣死榮耀神」！主看重我們的死（詩116:15），主看重我們「怎樣死」。主期望「我們的死」能榮耀祂。

主耶穌在受死前夜與門徒惜別，叮嚀、安慰、鼓勵的一番話，說完以後，最後在門徒面前向父禱告（約17）。在這個禱告中，主一再說到「榮耀」這個字，「父啊，時候到了，願你榮耀你的兒子，使兒子也榮耀你……我在地上已經榮耀了你，你所託付我的事我已成全了……」。我們基督徒在世有使命（約17:18, 20:21），這使命就是或生或死，成全主的託付；叫主在我身上得榮耀（帖後1:12）。

主在十架斷氣之後，那行刑的百夫長（外邦人），看見耶穌「這樣」斷氣，就說，「這真是神的兒子」！（可15:39）主這樣死，榮耀了天父！

歷代教會都有主的見證人，他們以身殉道榮耀了主（希臘文「見證」一字，與英文「Martyr」同一字根！）我們移居北美的基督徒，今天已面對一股「反神」的洪流。有一天讀聖經會受懲罰，聚會敬拜主耶穌，要被攻擊、定罪，誰說沒有可能呢？到那日，你我要如何抉擇？求主憐憫保守我們，讓我們死時也能榮耀神。

補充：

一九九九年春，Colorado一高中、發生學生持槍在校園亂殺慘案。被害者中有一女生名Cassie Bernall，以前她追求世界，虛榮浮華，吃喝玩樂，隨波逐流。自從她信了耶穌以後，完全變了一個人：熱心事奉，忠心愛主，同學們都知道。

槍殺發生時，Cassie正在圖書館，兇手忽然闖入，舉槍問她：「你信不信耶穌？」她愣了一下，兇手再問，她說「我信！」當場殉道。[1]

1 康宜注：根據Cassie的母親Misty Bernall所寫的書*She said yes: The Unlikely Martyrdom of Cassie Bernall*（1999），Cassie是在慘案中殉道的，因為當時有四個證人如此說。但也有其他學生給了不同的見證，故此事仍是懸案。

Jim Elliott有一句話：“He is not a fool who gives what he cannot keep to gain what he cannot lose.”

Dietrich Bonhoffer：「當基督呼召一個人的時候，乃是呼召他去死」。

36. 如羊無牧

太9:36「（耶穌）看見許多的人，就憐憫他們，因為他們困苦流離，如同羊沒有牧人一般」。

這是一幅何等感人的圖畫！主看見許多的「人」！主看見的不是一群一群的人，乃是一個一個的人；主看見的不是人的外面，而是人心靈深處的光景和需要。人不能了解人，人連自己都不認識。主說，人困苦流離！主看見那些窮苦、絕望、軟弱，不幸的人，是困苦流離，主看見那一帆風順飛黃騰達的「人上人」，一樣是困苦流離（雖然後者看不見自己的真相，Rev 3:17-18）。主耶穌透過人各樣的面具與假相，看見人內心的罪、慾、怨、氣、憂、懼、空虛——沒有安息！人活著沒有意義。

人內心何以沒有平安呢？主耶穌一語道破：因失去了神，偏行己路：就如迷羊失去了牧人！流落山野，四顧茫茫，夜幕低垂，無家可歸，無奈無助，這就是人生的寫照！被造的人，生來就需要尋找神，需要找到「永恆」（傳3:11）。然而，失喪的人已與萬有的源頭，獨一的主宰隔絕，找不到那位真神了。

耶穌看見許多的人，就「憐憫」他們！人離棄了神，神卻主動來找人（路19:10）。「我是好牧人，好牧人為羊捨命！」（約10:11）。神子耶穌為救罪人，流血捨命，如同尋找亡羊，找回來就扛在肩上，帶到神面前，使神重新得著人，人重新得著神，重享安息。耶穌就是神。（約1:1, 1:14, 1:18；來1:1-3；林後4:4；西1:15, 2:9）祂不是高高坐在天上，向我們傳救恩，祂乃是降世為人，自己成為人，親自與罪人認同，（來2:14, 17, 18）。在十字架上主赦了我們的罪，背負了我們的痛苦憂患，又從死裡復活，勝過死亡，賜給我們永生！使我們或生或死永遠與主合一，主永與我們同在。耶穌是我們明天的盼望，今天的力量。

除主耶穌，誰能使我在艱苦憂傷的世路上得安慰，享安息？誰能使我有力量得勝，得自由？誰能使我在幽暗仇恨的世界，活出耶穌高貴的生命？誰能在我離世之時，一直領我到天上？

唯獨耶穌，是我的好牧人，唯獨耶穌，能改變我的生命和命運。除祂以外，別無救主（約6:68；徒4:12；詩73:25-26；詩23:1-6）。

37. 抵擋撒旦

雅4:7「你們要順服神，務要抵擋魔鬼，魔鬼就必離開你們逃跑了」。

基督徒對於仇敵魔鬼，有兩種錯誤的認識：（一）輕敵，不警覺，以致中撒旦詭計，（二）恐敵，以為鬼無所不能，也中撒旦詭計。

我們基督徒是撒旦吞吃的對象（彼前5:8f），我們每日生活能否得勝，靈命的進退，都與撒旦有關。

舉例：以下情況，都有撒旦的工作：

（1）無端生疑，信心動搖，「耶穌是不是神？」「到底有沒有神？」（2）心中悖逆神，不順服神的命令，神的命定。（3）對神的話無興趣，「主離我好遠！」（4）對環境遭遇不滿，怨神不對，怨人不好。（5）「我一定要……」，「我一定不要……」（自我中心，對神高傲，對人固執）（6）妄圖改變環境，改變別人，改變神！（拒絕十字架）（7）不認識神，而有認命心態（8）拂逆苦難，不知是神手所安排的，不能交託（9）遠離神心中空虛，多憂多慮，多疑多懼，多怨多氣，（常發脾氣）。（10）貪愛世界，捨不得離開罪，捨不得讓己受對付（11）恨人，不饒恕（12）夫妻相恨（13）罵別人是撒旦，卻不知自己正中了撒旦詭計（14）沒有愛心，或有愛心卻悖乎神的旨意。（如，可8:33）（15）不能識破邪靈的偽裝，竟以為是聖靈的工作（16）看人不看神（17）跟別人比

（於是自高自傲，自怨自憐）（18）批評論斷，看別人眼中有刺（只見別人短處）（19）對邪術、邪說感興趣，有好奇心（20）心生惡念，不知要奉主名抵擋撒旦（21）不肯認錯，放不下面子。（22）心中自是，偏行己路（23）忘記神的大小恩惠（只埋怨，不感恩）（24）只看自己，不看耶穌（失去盼望）。（25）門徒愛主，心靠近神的，撒旦必大力攻擊。世人聽了道，撒旦要千方百計奪去福音真道的種子，免得人得救（Lk 8:12）。

每逢我們失去平安，必定是因為心裡有哪一件事，哪一個人，是我還不能順服的，應當立刻求主照出真正的問題何在。

撒旦滲透我們的心思意念。我們的掙扎就是——「聽神的？聽魔鬼的？」真正的得勝是在暗中，在自己裡面，靠主勝過撒旦。願神賜給我們一個心志，說：「主啊，我要在撒旦面前榮耀你」。

38. 鬆手道

約壹2:15-17「不要愛世界和世界上的事，人若愛世界，愛父的心就不在他裡面了。因為……這世界和其上的情慾，都要過去，唯獨遵行神旨意的，是永遠長存」。

耶穌說，「窮人有福音傳給他們」（太11:5，詩68:10）。是不是，福音不給財主？不！主是萬人的救主（提前4:10）。不過主說，「倚靠錢財的人進神的國，是何等地難哪！駱駝穿過針的眼，比財主進神的國還容易呢」。（可10:23-25）人在世上「有的」愈多（財寶、名利、權勢、才幹、學問、健康……），心就愈加「倚靠」這些（地上的東西），自以為不需要永生了。這樣的人，不敢讀新約聖經，因為怕耶穌把他們自己構築的象牙塔給搖撼了，怕他們心中虛假的安全感，被耶穌給揭穿了。他們的包袱太重，所以逃避福音（可10:17-22, IJn 2:15f）。

世界和神是敵對的（雅4:4，加5:17），我們基督徒若是要永生，就不可抓世界。對世上的東西，我們要「鬆手」！因為我們的一切所有，包括我所愛之人，和自己的生命，都是神暫時交給我託管的，我是「管家」，主權不是我的，所以心就不再倚靠這些。聖經教我們看重「所不見的」（林後4:18），「所不見的是永存的」，聖經的觀點是：天上的是真實，地上的是幻影（來8:5）。所以基督徒是「人在地上，心在天上」（西3:1-4）。我們要「鬆手」，要撇下世界，不是說不求學，不賺錢，不養家了，乃是不要愛世界（不貪愛，心不被纏累，路21:34）。我們相信一生得失，順逆，各樣遭遇都出乎慈愛智慧的神，神在每個兒女身上都有計劃。（詩139:14, 16，徒17:26），所以一生只要倚靠神，遵神的旨意而活，信神必看顧，就少許多憂愁煩惱（太6:31f，太6:8，彼前5:7，詩127:1）。

我為什麼信了耶穌呢？因有一天神叫我看見：我是個窮人：一無所能，一無所知，也一無所靠，除罪以外，一無所有，於是我就一心靠神。人在世界若還有所靠，他就不能專一靠神，「一個人不能事奉兩個主！」（太6:24）基督徒又抓永生，又抓世界，到了時候，必定是兩頭空（創19:26羅德妻子）。信耶穌要死心塌地，破釜沈舟，對自己，對人，對世界都不再存任何幻想。

總有一天，你必須獨自一人行路，至親骨肉愛莫能助；總有一天，人忽然看見，他一生所抓來的，名、利、權、學問、成功、健康、妻子（丈夫）兒女，沒有一樣是能救他的！

人，什麼最重要？永生，還是今生？主同在，還是財寶同在？

願我們的心志是專一愛耶穌，持定（抓緊）永生！（提前6:10, 12, 19）。

39. 主旨成全

太26:39「祂（耶穌）就俯伏在地，禱告說，我父啊，倘若可行，求你叫這杯離開我，然而，不要照我的意思，只要照你的意思」。

主耶穌一生的路線是筆直的！祂心裡只有一件事，就是「定意」向耶路撒冷去。這是祂在世的使命（父的託付，約17:4），沒有任何事，任何人能左右祂的方向和心志。祂從始到終，就是「順服」，順服父旨意到底（約6:38）。「存心順服以至於死」！（腓2:8）。

什麼叫順服？就是一切聽神的，不是叫神聽我的！主在客西馬尼這個禱告，是祂在十字架上完全得勝的關鍵。我們當注意，這個禱告中，有兩個字很重要：「然而」！主雖然早已就望見了前面的十字架，不過一旦十字架的陰影臨到眼前，神子耶穌在血肉之軀中，心裡還是有激烈的掙扎！（cf可14:33，唯獨馬可記載，「就驚恐起來」幾個字，可能是根據彼得的回憶，歷歷如在目前）。祂俯伏在天父面前，懇求全能的神，愛祂的父，挪去祂的十字架。可是，祂接著就說：「然而」……。（cf約12:27「但」）。如果沒有「然而」以下的話，主就是求父成全（耶穌）自己的意思；加上了「然而……」耶穌就把主權全交在父手中了。若沒有「然而……」，那就是求父聽我的，加上「然而……」就是我要聽神的（詩40:8）。

在此，我們學一課最重要的功課：順服神！我們一切禱告呼求，最後也都要加上「然而，願你的旨意成全！」人若說信主，卻沒有順服，一切都是空談。

遵行神旨意是要付代價的，順服神就是馴服自己，順神就是「逆」己（否定「己」），棄絕世界，抵擋撒旦：這一切都需經過十字架。但我們若要生命長進，除此之外，並無別法。每次把「己」（己意，己路，己的面子……）釘十字架，你我內心都經歷極大的掙扎，但主耶穌已為我們開了一條得勝之路。我們只要立志順服，（認同祂的十字架），必靠主得勝——我的掙扎就是祂的掙扎，祂的得勝就是我的得勝！

40.有求必應？

太7:7-8「你們祈求就給你們，因為凡祈求的就得著」。

二十世紀怪事多，教會圈子裡竟然出現什麼成功神學，享福神學之類的東西！這般人抓住太7:7-8為依據，斷章取義，說基督徒不該貧窮，該富足；不該生病，該得醫治。這完全是利用聖經，以掩飾自己的私慾。「有求必應」這種思想，是出乎拜菩薩心態，以神為僕役，滿足人私慾。我們的神不會有求必應！

先說，太7:7-8的「求」，是求什麼？看上文6:31-33，主說：「先求神的國……」是叫我們心裡先注重天上永恆的福（弗1:3），世上的需用神自會預備。新約聖經的教導是：這世界非我家，我在世是客旅。所以什麼最重要呢？「主」最重要！永生最重要！

總起來說，舊約所應許的福，大多是屬世的，屬物質的福（申28:2 ff, 26:14ff；詩91:3-8等等）。反之，新約所應許的福是屬天屬靈的（太4:17；約3:3, 16, 36；弗1:3；西1:5，腓3:20）。主耶穌沒有應許信耶穌就不受苦，不生病，也絕對沒有應許信耶穌要在世成功享福！人生在世受苦，眼淚是少不了的（約16:33），主未曾教我們逃避受苦，乃是要叫受苦的人靠祂得勝。再說，基督徒無論求什麼，祈求的態度，都不應該是成全「我的」意思，必定是求神的旨意成全。所以，這種「成功，享福」的思想，是違背新約的真理。

我們再看太7:7-8的下文，求則「得」什麼。7:9-11這裡說，神不會把不好的東西賜給祂兒女，神也不賜次好的，神賜最好的！我們求的，若不是對我們最好的，求的若不合神的旨意，神絕不會「有求必應」！（詩106:15）（向魔鬼求，可能有求必應）。新約聖經教導我們，天上的，真實的，永存的，才是對我們最好的！世上的好處，神賜，我們就感謝，神不賜，我們也感謝。

現今這個末了的時候，神所需要的，是一般有忠心有「為主受苦」心志的門徒。

抄錄Margaret Barber言志詩如下：

"If the path I travel
Leads me to a cross,
If the way Thou choosest
Leads to pain and loss,
Let the compensation
Daily, hourly be
Shadowless communion,
Blessed Lord, with Thee."

41.我無罪？

羅3:23「世人都犯了罪，虧缺了神的榮耀」。

一

福音的基礎，首先是人被定罪（路24:47，可1:14-15，羅2:3）。新約開宗明義，直指人的罪。例如馬太五章就指出人的兩樣罪：恨人之心，和心中的淫念。主說，犯這罪的要下地獄（太5:22, 29），試問，人誰沒有罪（約8:7，羅3:23）？馬太六章說，天父「在暗中」察看！不錯，我未曾殺人未曾淫亂，但神看我裡面隱藏的動機。主說，你「在暗中」，沒人看見的時候，你所想的、所做的是什麼，神都看見了！連我所做的一切善事，也都免不了自高自滿自私的成份。我還敢說沒有罪？馬太七章，主又指出「論斷人」的罪！我心中口中有否批評論斷過別人？主向我說，「你自以為比他強，就是假冒為善，你若處在他的條件下，你會如何？」主說：「你（罪人）沒有資格作別人（罪人）的審判官」。（寫到這裡，想起「聖經」對反對的人，也有用處，就是常用來指責論斷基督徒的）。新約最後一卷啟示錄，說一切「說謊話的」都要扔在地獄火湖裡（啟21:8）！試問，誰沒說過謊？

福音首先是叫人知罪，俯首認罪（約壹1:8-10）。人若沒有罪，十字架就毫無意義了！人與福音的接觸點，是認罪悔改，不是神跡奇事，等等。神跡是神行的，不是人求來的，所以我們不高舉神跡奇事，只高舉行神跡的主。我很少向弟兄姊妹提起我家中（尤其我內人玉真身上）所經歷的許多神跡。我很少提是因怕誤導初信的人，並非我們未曾見過神跡。（而且人追求神跡奇事，有可能落到撒旦的網羅裡，因魔鬼也能行神跡（Mt 24:24, II Th 2:9-10）。

罪的根就是人悖逆造他之主，偏行己路（賽53:6）。神就是義，人犯了罪，神（義）對罪的反應，就是審判。罪念也好，罪行也好，神判定：「罪的工價就是死」（羅6:23），死不但是將來靈魂受審判、下地獄、受永死，而且今天活在世上，就是走在一條死路上（箴14:12）。人與神的關係破壞了，人就成了自己的敵人，內心滿是衝突、混亂、空虛、沒有安息。人是罪人，所以都在神的審判之下。主耶穌是公義的審判主，然後才是罪人的救贖主。

十架的一面是公義。因神的性情首先是聖潔公義。神對罪絕不妥協。罪必先解決，人才能得救。為了解決罪，神甚至忍痛犧牲自己獨生子，也在所不惜。所以十字架的另一面就是慈愛（神的愛，agape）。先是公義，後是慈愛；約櫃是基礎，其上才有施恩座。主耶穌遵主旨意來救罪人，祂甘願捨棄「神」的尊榮、權利、自由……，道成肉身為罪人死，這顯明了神是愛。神總是慈愛高於公義。

十字架的功用，第一是寶血赦罪，使罪人因信耶穌，罪得赦免，白白稱義（太26:28，羅3:23-25，約5:24）。第二是賜新生命（聖靈內住），使人因此能以活出無罪的生命來，使罪人變神人。

我們傳福音，不能只說「耶穌愛你」，要先叫人知罪，認罪，然後耶穌的愛才為寶貴。

二

今年是1998年。為什麼？因人類歷史紀元是以拿撒勒人耶穌降世為基準。耶穌來了，為神救恩歷史帶來一個新的時代（New Era），從此，歷史劃分為兩個時代。主來之前，世人都在定罪之下，但那時，神寬容人，因人自己無力掙脫罪的鎖鏈（約8:34，羅7:18-19），主來了以後，恩典時代臨到了，但同時神的審判也就臨到了（徒17:31-32，羅3:25）。

十字架是救恩，也是審判。主耶穌來了，為罪人開了一條又新又活的路（來10：19-20），同時，人也就有了責任，為自己的命運作一個抉擇！「信子的有永生，不信子的得不著永生，神的震怒常在他身上」——這不是神霸道，乃是一條真理的律：人不選擇耶穌，當然還留在原來的老路上，仍在定罪之下，只有等候神忿怒的審判（約3:17, 18, 36；羅2:3-5）。

但願人向神謙卑、悔改得救。

42. 高標準

太5:48「所以你們要完全（perfect），正如你們的天父是完全的」。

我初信主時，讀到這句話，感到很失望：人，怎麼可能像神！後來讀到彼得後書1:4那裡說，「……叫我們……得與神的性情有分」！再看保羅書信，裡面全是「成為聖潔」，「完全無可指摘」，「沒有玷污」，「沒有瑕疵」等等的話。[1]我漸漸才明白，原來新約聖經的標準是至高無上的標準，遠超乎一切聖人、哲人、宗教家的教訓之上。福音的目的，是要提升人的價值，到天國的標準。

新約聖經之所以有這極高的標準和要求，是因為人信了耶穌就得著了「神」的生命——聖靈內住。所以保羅稱我們為「聖徒」（連哥林多的信徒也不例外），因我們認罪悔改信了耶穌，就立刻得著神兒女的身分，「聖潔」的地位。主在十架受死又從死裡復活，不僅是要救我們（信的人）脫離罪

[1] 康宜注：在他的修訂稿中，家父曾一一列出以下有關神的「高標準」的聖經章節：無可責備（I Cor 1:8），聖潔無有瑕疵（Eph 1:4），聖潔毫無沾污（Eph 5:25），無可指摘，無瑕疵（Phil 2:15），聖潔沒有瑕疵、無可責備（Col 1:22），聖潔公義無可指摘（保羅, I Th 2:10），全然成聖、完全無可指摘（I Th 5:23），毫不沾污、無可指摘（I Tim 6:14），沒有沾污、無可指摘（II Pet 3:14），要聖潔（I Pet 1:15），追求聖潔，非聖潔沒有人能見主（Heb 12:14），無瑕疵、無沾污的羔羊之血（I Pet 1:19），因著聖靈，成為聖潔（Rom 16:16, I Pet 1:2）。II Pet 1:4（與神性情有分），Mt 5:48, Lk 6:36（完美，像你們天父完美一樣），Rom 8:29（效法祂兒子的模樣），II Cor 3:18（變成主的形相，榮上加榮），Col 3:10（漸漸更新，正如……主形相），I Cor 11:1（效法基督），Rom 15.5, Jn 13:15（榜樣……照……去作），I Cor 11:1, Phil 3:17效法我（保羅）。

刑，更是救我們因聖靈的內住而進入成聖的經歷。主在十架所作的工作，不僅是恢復神與人的關係（與神和好），也是為了恢復人起初原有的榮形（神的形相）。

福音不是紙上談兵，而是要在生活上發生實際的果效。新約的高標準，不是單為「超級」聖徒定的，而是向每一個基督徒的要求。所以，人信了耶穌，就要「改變」！（林後5:17，加6:15）漸漸變成神兒子耶穌的形相（羅8:29原文，林後3:18，西2:9，3:10，羅12:2，彼前2:21, Phil 2:5）。耶穌是神的相，顯明了天父，我們也當是基督的相，顯明神的兒子。主耶穌「道成肉身」，與罪人認同，同經試探，同受苦難，我們蒙恩的罪人，也當與主認同，認同祂的十字架（受苦、受死、復活），以致「肉身成道」。這是神救恩的目的，新約聖經的要求。（Gal 2:20/ Phil 1:21, 3:7-12/ II Cor 3:18/ Col 3:10）。

主耶穌有改變人生命的大能，神不是叫罪人變聖人，而是叫罪人變神人！新約的福音，不是把罪人加以改良，修修補補，而是把舊人拆掉重造。福音不是發揚「人性的優點」，而是給罪人換一個生命，釘死人性，換上神性。「人性」裡不是沒有優點，但人性的優點也是屬乎肉體的，與神背反的，自我中心的，需要釘死的。

但基督徒生命的改變，不是自動發生的，乃是需要個人有一個心志，樂意讓主在他身上作工，讓聖靈下手拆毀舊我，重造新我！

福音書中，「登山寶訓」是主耶穌教訓的重點。我們站在這教訓面前，只能俯伏敬拜說：「耶穌是神！」但心裡仍不禁有望洋興嘆之感——這麼高的要求，誰能作到呢！是的，人絕對作不到，只有屬天國的人，耶穌的門徒才能作到，也應當作到。（這就是使徒書信的要義）。

我們雖然是主的門徒，都還離神的標準太遠了，但感謝神，祂賜給我們有一個心志：忘記背後，努力面前，向著標竿直跑（腓3:9-14）。但願主保守，使我這個人在神眼中，今天比昨天能再好一點。

抄錄九四年日記：

我還不是應當是的我，
我還不是想要是的我，
主所期待的我，還遠在天邊，
我希望是的，我還不是，
然而——
我已不是昨日的我，
靠主耶穌的憐憫，
我成了今日的我，
奇哉！
聖靈大能改變了我。

43. 主手攙扶

詩37:24「他雖失腳，也不至全身仆倒，因主用手攙扶他」。

我信了耶穌，就改名為保羅，是因我曾撕破聖經，趕走來訪的牧師，經歷和保羅有些相似之處。但信主日久，又後悔當初未改名彼得。原來我和彼得有更多相似之處。

耶穌這個大弟子彼得，身上滿是缺點：他憨直（cf太18:21-22, 19:27），冒失（太16:21-23, 17:24-27），懦弱（路22:54，太26:69-75），不警醒（太26:40，彼前5:8），小信（路24:12）等等，但彼得有一顆赤誠愛主的心！

當主耶穌向門徒宣示，祂必須受辱受苦受死之時，彼得拉住耶穌勸祂，捨不得主死；在變相山上他提議要搭三座棚，好與榮耀之主永遠同在（太17:1-4）；主從客西馬尼園出來，被捕之際，彼得拔刀砍掉大祭司僕人的右耳（約18:10）；主復活後，在提比利亞海邊顯現，特別對彼得三次以愛相問，彼得三次回答：「主啊，是的，你知道我愛祢」。（約21:15）到聖靈降臨後，彼得被捕受審，竟膽敢在殺害耶穌的人面前，公然責問他們的罪，「那些人見他的膽量……就希奇……把他釋放了」！（徒4:13-21）

彼得三次不認主，四福音書皆記！聖經毫無偏袒，毫無隱瞞（不像世上偉人傳記，一味歌功頌德）。可16:7有三個字值得注意：「和彼得」！主顯現後，叫看見祂的婦女們去告訴門徒「和彼得」！主是特別提到這個曾三次不認主的門徒，主愛何等深！「壓傷的蘆葦，祂不折斷，將殘的燈火祂不吹滅！」（太12:20，賽42:3）主知道此刻的彼得需要安慰鼓勵。（cf路22:31-32）最後，在提比利亞海邊，主向七門徒顯現時，又特別挑出彼得來，授以所託，從此彼得再次受命「跟從主」（cf太4:19-20），直至為主殉道。

凡背著自己十字架跟從主的，必定是愛主的，然而，十架道路確是難行。我曾多少次不認主？我多少次軟弱、失敗、跌倒，主都立刻把我扶起來了（詩145:14）。有時祂向我微聲說：「小子，放心，你的罪赦了」，更多時候，祂差遣弟兄姊妹使我適時得安慰，祂在我身上永遠抱著希望。在主耶穌，是「朽木可雕」！

弟兄們，當撒旦向你耳語，控告你（羅8:33-34），說：「你失敗了，你完了，你還算什麼基督徒！」這時，你要站起來，回答那惡者：「撒旦退去吧！因主耶穌永不撇下我，也不丟棄我」（來13:5）。

補充：

八八年十二月二十九日清晨禱告，心被恩感，跪書如下：

歲暮正天寒，倏忽又新年，
回首崎嶇艱險，
步步主手把我攙，
感恩竟無言。

舉目途程遠，巔峰待我攀，
此路非我所識，
主領我手走在前，
仰望享平安。[1]

[1] 康宜注：一九八九年元旦，父親曾將此詩寫成書法，贈給我的大弟康成和他的妻子麗娜。參見《孫保羅書法：附書法日記》（台北：秀威資訊科技股份有限公司，二〇一九），書法二十八。

44. 服事的人生觀

可9:35「耶穌說，若有人願意作首先的，他必作眾人末後的，作眾人的用人」。

主耶穌的十字架已臨近了，主已一再預告門徒，祂要受死復活。就在這個時候，門徒爭論誰為大（可9:30, 35, 10:32-41）！甚至到了最後晚餐的時候，還是在爭（路22:24-27）！每逢讀到這裡，心裡就氣忿不平，總覺這些門徒真不可救藥！奇怪的是，主耶穌看見門徒相爭，祂卻若無其事，心平氣和，還是諄諄教導，柔和勸戒，主真是神的兒子！

主教訓門徒說：世人爭權奪利，互相傾軋，「爭」是世人的特點，但天國子民的價值觀斷然不同。主的門徒當存「服事」的心（cf. Jn 12:26, Acts 13-36, NKJV）[1]，是相讓，不是相爭。在這事上，主不只有言教，更是親自作了榜樣：「人子來並不是受人的服事，乃是要服事人，並且要捨命，作多人的贖價」（可10:45）：神服事人！「我是你們的主，你們的夫子，尚且洗你們的腳……」（約13:12-15包括賣主的猶大在內）。基督徒的人生觀就是服事！誰服事誰？大的服事小的，主人甘作僕人！所以我們不可自高，乃要謙卑，不是爭取，乃是付出。天國的原則是「凡自高的必降為卑，自卑的必升為高，（太23:11-12，路14:11, 18:14）誰想有權柄，要多服事，誰要受尊敬，要多付出！

[1] 康宜注：NKJV即New King James Version的縮寫。

門徒爭論誰為大，今天仍然是基督徒家庭和教會的問題。何以夫妻不和的情形愈來愈多呢？就是爭著要為大，要當頭，「一切我作主」；為何教會有摩擦，有糾紛呢？就是有人要爭著為大，要爭發言權，要「你們都聽我的」。除非讓主的教訓改變我們的心態，否則家庭，教會，永無寧日，個人也就沒有平安。

夫妻之間，若存心服事：「我應當服事他（祂）」：就不會斤斤計較。有什麼家事，怕妻子忙累，我就多作些，有什麼決定，怕丈夫作難，我就退讓些。夫妻之間，最要緊的，一個是彼此尊重，一個是體貼對方，凡事為對方設想，顧及對方的需要，能體貼便能包容。在教會中，要「服事人如同服事主」（西3:23），既然是服事主，就能容納不同的意見和作法，就肯讓「我的」意見被否決，而不以為忤。

家庭中，教會中，不是沒有權柄，乃是權柄建立在「捨己服事」的基礎上。權柄不是爭來的，是不爭而來的。

補充：

人的罪根（己，己的核心）是驕傲！自高自大，不服神，不服人。「文人相輕」，同行寃家！（cf. Rom 12:3/ Phil 2:3/ Mt 11:29/ 箴言21:4）。

我一生一切的痛苦全是由驕傲、任性而來！

真偉大是真謙卑！誰能謙卑呢？必須有天上來的能力。（「神賜的」，Mk 10:40）。世人的謙卑不過是掩飾高傲的計策。

45. 經過水火

詩66:10-12「神哪，祢曾試驗我們，熬煉我們，如同熬鍊銀子一樣。祢使我們進入網羅，把重擔放在我們身上，祢使人坐車軋我們的頭。我們經過水火，祢卻領我們到豐富之地」。

若有人還埋怨，「我熱心愛主，為何還受這麼大的苦？」那他就錯了。基督徒比世人只有多受苦的，而照我個人的經歷，似乎人愈愛主，愈多受試煉。但感謝神，祂教導我們認識苦難的價值。使我們對受苦有一個與世人迥然不同的看法。基督徒信一切苦難皆出乎神（詩39:9, 31:15，哀歌3:37，伯1:20-21），信一切的苦難，神都有目的！（賽30:20-21，耶29:11，詩119:67, 71, 75）。因為創造且掌管萬有的神，是慈愛憐憫的主（耶29:11）。所以，我們受苦的時候，就要到神面前來禱告。到神面前便看見「我」的渺小，神的道路難測。（詩139:6, 16，伯42:3，詩131:1，羅11:33ff）到神面前，便看見苦難的背後都有神的手！釘子和釘錘是由主人的手指揮的。假如一個人成天磨你，和你過不去，那是神把他擺在那裡來對付你的；一件不幸遭遇臨到你，那是神所按排，來磨煉你的，要煉你愈精！十字架臨到，我們不要逃避，只要安靜在主面前（詩46:10, Isa 40:31）向神傾心吐意（詩62:8），神就作我們的避難所，神的應許（神的話）就成為我們的力量，使我們能得勝，超升在苦難之上。

主耶穌在十字架上，替我們開了一條路，不止使我們能脫離罪，也是使我們能勝過苦難（賽53:4）。所以，當我們面對大小的痛苦，各樣的難處，一切的無奈的時候，我們就當來到主的十架面前，仰望主的道路：順服！信靠順服！我們若樂意順服「主耶穌的」順服，樂意接受神為我們所預備的十字架，那麼，耶穌的得勝就成為我們的得勝。

有價值的人生必需經過受苦。新約教訓基督徒應有的美德（例如：西3:12-15），沒有一項是人性裡有的，沒有一項是靠自己能作得出來的——都要經過十字架！主有時硬把我們丟在火窯裡燒！日以繼夜，燒過千百遍，才把主自己的性情一點一滴，燒在我身上，成為我的，使我更像基督。我們經過水火，主果然領我們到豐富之地，得著能力，在苦難中享安息。

抄錄舊作：

膏油何來？橄欖須先碎，
油須焚化，方能發亮光，
麥子不死，如何結子粒？
玉瓶不破，主怎能得榮？（八九年六月）

麥子落了地，橄欖榨成泥，
一切的壓碎，主都有目的，
讚美主道路，敬拜主旨意，
信靠且順服，樂意更像祢。（八九年七月）

補充：

A. W. Tozer:

"If God has singled you out to be a special object of His grace, you may expect Him to honor you with stricter discipline and greater suffering than less favored ones are called upon to endure....If God sets out to make you an unusual Christian, He is not likely to be as gentle as He is usually pictured by the popular teachers. A sculptor does not use a manicure set to reduce the rude, unshapely marble to a thing of beauty. The saw, the hammer and the chisel are cruel tools, but without them the rough stone must remain forever formless and unbeautiful.To do His supreme work of grace within you, He will take from your heart everything you love most. Everything you trust in will go from you. Piles of ashes will lie where your most precious treasures used to be." [I-2/20].[1]

〈煉我愈精歌〉[2]

倪柝聲作詞：

你若不壓橄欖成渣，它就不能成油；
你若不投葡萄入酢，它就不能變成酒。
每次的打擊，都是真利益；
你收去的東西，你以自己來代替！

---

1 康宜注：不知父親修訂稿中的〔I-2/20〕是指A. W. Tozer的哪一本選集。但這段引言，本來自A. W. Tozer的書*That Incredible Christian*第38章 "The Ministry of the Night" 的首段。今將較完整的引言抄錄在此。

2 康宜注：家父的修訂稿只標出著名的歌名：〈煉我愈精歌〉，但並沒引用原來倪柝聲（Watchman Nee）所作的歌詞。今在此加上倪柝聲的第一首歌詞。

46. 投靠主

詩57:1「神啊憐憫我，憐憫我，因為我的心投靠祢，我要投靠在祢翅膀的蔭下，直到災害過去」。

大衛在詩篇中常用投靠這個字。人不能隨便去靠什麼，他要先弄清楚，所要靠的，是否可靠。大衛深深認識神，知道除神以外，全靠不住，所以在患難中他專心投靠神，神就作他的避難所。

基督徒也必須深切認識：耶穌是真神，是真生命，是真光，真糧，真理……：耶穌可靠！祂是無謊言的神（提多1:2），祂的話都是阿們的。在患難中，我們投靠祂，就經歷到祂真是我們的拯救，安慰，力量。唯獨愛我們以致為我們捨命的主耶穌，祂是我們靈魂安息之處。

一首小詩：

Perfect Trusting

I cannot understand
The why and wherefore of a thousand things,
The burdens, and annoyances, the
Daily stings——
I cannot understand,

But I can trust,
For the perfect trusting
Perfect comfort brings.
I cannot see the end,
The hidden meaning of each trial sent,
The pattern into which each tangled
Thread is bent——
I cannot see the end,
But I can trust,
And in Jesus' changeless love
I am content.

——Anon.

(cf. Ps 119:49, 50, 92, 93)!

47. 走火入魔

約壹4:1, 4「親愛的弟兄啊，一切的靈，你們不可都信。總要試驗那些靈是出於神的不是……小子們哪，你們是屬神的，並且勝了他們（指那惡者及其黨羽）。因為那在你們裡面的，比那在世界上的更大」。

近閱新聞週刊報導，有些五旬節派與極端靈恩派的人又掀起一波一波的運動，如火如荼，聲勢浩大（其實由來已久），連許多愛主的基督徒也受了迷惑，趨之若鶩！我覺得應當憑愛心和真理提醒弟兄姊妹，知所警惕。這些教派聚會時的特點，就是：手舞足蹈，狂呼亂叫，有時只反復唱一兩個音節的字，（如Hallelujah）又發舌音（他們叫「說方言」），就是不由自主地發出自己也不懂的單音（如da-da-da）。同時身體顫動，發抖，手一舉起即能叫人倒地，一禱告就叫人病得醫治，以及行其他超自然的奇事。他們說，只要照他們的指示作，混身就充滿一陣說不出來的快感（他們稱之為Slain by the Spirit），他們說，這些就是「聖靈充滿」的現象。（cf. I Cor 14:33）。

問題在哪裡呢？姑從《屬靈人》一書中[1]，摘錄幾節如下：「我們不可以為神的同在應當在身體上有感覺，有表現，如果屬靈的事要在身體上看到證據，那就會給邪靈機會來騙人！……我們若以為

[1] 康宜注：《屬靈人》是倪柝聲的重要著作，寫於一九二七至一九二八年間，該書共有十卷，於一九二八年秋出版。台灣福音書房有重印版。

聖靈是臨在我們身體上的，就要受欺！／撒旦的使者會裝作光明的天使，會假冒聖靈的位格和工作，來迷惑信徒。／信徒當看見靈界存在的實在……信徒的靈會受兩方面的影響，即聖靈或邪靈／因邪靈魔鬼會假裝，所以，沒有屬靈知識的人，就會把那些反理性的感覺，或怪異的經歷，當作是從神來的。／超凡的事，除了神以外，鬼也能作。／超凡經歷迷惑人之處，是信徒因其奇異，感覺快樂，就以為是神賜的。……超凡經歷只能使信徒驕傲，而在生命的聖潔公義上毫無所助。／如果信徒肯謙卑，認為自己有受欺之可能，就少受欺；太自是，自恃的人，就多受欺。／邪靈欺騙一成功，他就在信徒裡得著一個地位，以後得寸進尺，使信徒隨他而行。／應當保守自己的靈，不要被動！聖靈作工在人靈裡的條件，是需要人的靈完全活潑，與祂同工；撒旦作工在人靈裡恰恰相反：撒旦要叫人頭腦空白，心思空白，一切由撒旦代作，人只是被動地接受！／如果我們心思、情感、意志，陷於被動（人如同受了催眠），人的靈也就陷於被動，撒旦便乘虛而入，邪靈就假冒聖靈了。／受騙之人，還以為他有了更直接的聖靈引導（其實是邪靈引導），他就愈加自是，愈陷愈深……」。

愛主，對主忠心的門徒，該追求的是生命改變，更像基督！（這只有聖靈能作，邪靈不能）。神是叫我們「要被聖靈充滿」（順服聖靈，受聖靈的管制），並沒有叫我們追求身體上的感覺或超自然的經歷。能行神跡奇事，不表示他是屬靈的基督徒，甚至也不能證明他是基督徒。

弟兄們，有關靈界的事，務必根據新約聖經所啟示的全部真理，分辨那靈是出於何處。這不是小事，因關乎我們的永遠救恩。弟兄們，要站立得穩（弗6:19），要持定永生！（提前6:12）

補充：

狂呼亂叫：邪教的特徵。

人被邪靈充滿：言行乖異，如同醉酒（I King 18:28-29）。

敬拜神：俯伏在地。

人被聖靈充滿：寧靜、俯伏敬拜（Eph 5:18-20）。

48. 變心

羅12:2「不要效法這個世界，要心意更新而變化，叫你們能察驗何為神的旨意（就是神的善良純全，可悅納的旨意。）」[1]

人信了耶穌，一定有改變，不過新約聖經所說的改變，不只是人外在的改變（生活方式，習慣，等等），更是內裡的改變。裡面生命有改變，能把生命分給別人，能領人歸主。

羅12:2「變化」這個字，與林後3:18「變成（主的）形狀」，原文是同一個字。這個字在新約聖經中還用過一次，就是太17:2（可9:2），是指耶穌山上榮耀「變相」說的。可見使徒保羅用「變化」這個字，意指「變成主耶穌榮耀的形相！」——這是神救恩的終極目的。

這個變化，需要人有「樂意」的心，樂意讓自己的心意更新（羅12:2「不要效法」和「要更新而變化」都是命令句）。心意就是心思意念、看法、觀點、愛好、心志（知、情、意各方面）。心意更新是一個人裡面完全的轉向。信了耶穌不是開始作禮拜了，讀聖經了，禱告了，聚會了，而是要藉神的話、禱告，交通、團契、聚會、崇拜，等等，日漸更新我們的心意！以前對「我」的看法，是我最大，如今看我罪大；以前「神」與我無關，我行我素，如今信靠耶穌，愛主順服主旨意；以前抓「世

[1] 康宜注：家父所引用的聖經章節，一般是抄自中文和合本聖經。但有時他會根據聖經原文，稍微改動和合本聖經的句法和用詞，此為一例。

界」，只關心世上事，跟從世界潮流走，凡事與人比，怕人看不起，患得患失，如今，知世界非我家，關心永生的事；以前以為「鬼」是幻覺是迷信，如今，看見他是這世界的王，基督徒的大敵；以前只想逃避「苦難」，現在能靠主勝過；以前被「罪」綑綁不能自拔，現今靠主得以自由；以前不知死後「靈魂」往哪裡去，如今對天家有確據，滿有盼望。

保羅書信中常用「以前」，「如今」，這類對比的字（cf羅6:17, 21, 7:5-6, 8:1, 林前6:11, 15:9-10，加1:13，弗2:1-3, 5:8，腓3:5-7，西2:13，提多3:3等等）。我們是「外體（外面的我）雖然朽壞，內心卻一天新似一天」（林後4:16）。我們不跟別人比屬世的事，連屬靈的事也不比。不是不比，只比自己（今日之我比昨日之我）。

心意不更新，舊皮袋不丟棄，依然是「自我中心」，尊己為大，信耶穌毫無功效。

49. 聖經是神默示

提後3:16「聖經都是神所默示的，於教訓、督責，使人歸正，教導人學義，都是有益的，叫屬神的人得以完全，預備行各樣的善事」。

聖經是世上獨一無二的奇書，因為作者是神。神向人吹氣，人受靈感而記錄，神吹氣，所以是神的思想，人記錄，所以人看得懂。雖然各卷文體不同，重點不同；六十六卷書寫作時代前後相距約一千五百年之久，作者出身背景又各有不同，又是在不同時代而寫，但全本聖經，前後呼應，首尾一貫，永不改變，歷久彌新！（聖經原文從來沒有修訂版）。全本聖經的巔峰和重心，就是神獨生子耶穌基督的道成肉身。舊約聖經是預備，新約聖經是成全。

解釋聖經，絕不可以人的話講神的話！不可隨私意解，不可斷章取義。聖經有不明白的，不可強解，當謙卑等候神的指引。其中也有些話，是我們今天還不能明白的，來日到天上必全明白。（申29:29，林前13:10, 12）。聖經並不是神一切話的全部記錄，（約21:25），只是神認為人得救所應當知道的，都啟示了出來，並已啟示完備，（啟22:18, 19）。今天若仍有人自稱，他從神又得了啟示，（而與全本聖經不相符的），我們要小心，不可輕信（約壹4:1, 2:18）。

我看過一位佈道家的見證，是說，有一次她想搬家，搬或不搬，猶豫不決，於是禱告後隨手打開聖經，恰好那裡有一句話，意思是，留在原處，（路10:7），於是她就未搬。又傳說有一基督徒，有一天本擬出門，辦要緊事，但天忽大雨，心中作難，隨便一翻聖經，正好指到馬太27:5五個字：「出去吊死了」，於是他不敢出門。——我們絕不可以這種態度來用聖經，這是拜偶像的人「算卦」，「抽簽」的辦法，（與邪術同類），是神所憎惡的！

讀聖經的目的，是認識神，認識自己！聖經的作者是聖靈，所以人讀聖經，需求聖靈幫助，光照（約16:13，詩119:130），才能明白真理。新約時代的特點之一是，我們不但有聖經（神的話），還有聖靈（神的靈）內住。憑聖靈引導讀經，才能明白神的心意，和神在我們個人身上的目的。每讀一段或一節聖經，都要留心，聖靈在這裡對我有什麼教訓，什麼責備。一聽見聖靈的聲音，就當順服，說「神哪，我樂意照你的旨意行」！神的旨意都是於人有益的，即使是拂逆的環境，不幸的遭遇，神都有美意，使我們在今生來生得益處。

曾有一位受人愛戴的聖經教師，有人問他，「你怎麼懂得這麼多聖經呢？」他說：「我懂的太少了，但我所懂的這一點，已經使我受用不盡了」。

謙卑讀經，必得亮光；讀而遵行，便有力量。

補充：[1]

1.Sola scriptura, sola gracia, sola fidel——歸正教的基礎（回復到使徒教父時代的信仰）。

2.19 c.興趣聖經批判，自由主義神學——強調基督教不是神的啓示，而是人理性產物。

3.20 c.後自由主義神學：新神學，新正統派。Karl Barth（1886-1969），Emil Brunner（1889-1966）要把神的話用理性檢驗。

---

1 康宜注：這一篇的「補充」顯然是家父個人的靈修筆記，他未必想要與大眾讀者分享。今姑且抄錄在此，以為參考。又，神學家的生卒年代由我所加。

4.20c.中期以後，新自由主義。Rudoph Bultmann（1884-1976），Paul Tilich（1886-1965）（主張）[1]福音要揭去「神話」之簾，「神的「話要譯成「現代人」能懂的話。指出：「神話」諸如：神的形相，童女生子，基督復活，升天……。忘記一切傳統教導，要demythologized！

5.凡忠心門徒，必堅信，堅立在聖經（esp NT）的根基上！揭穿一切人的學說，神學，邪說！

6.聖經是最終權威、最高標準。

聖經是無盡寶藏，天天有新發現；
耶穌是無限豐富，時時賜新恩典。

[1] 康宜注：父親修訂稿並沒「主張」兩字，今加上。

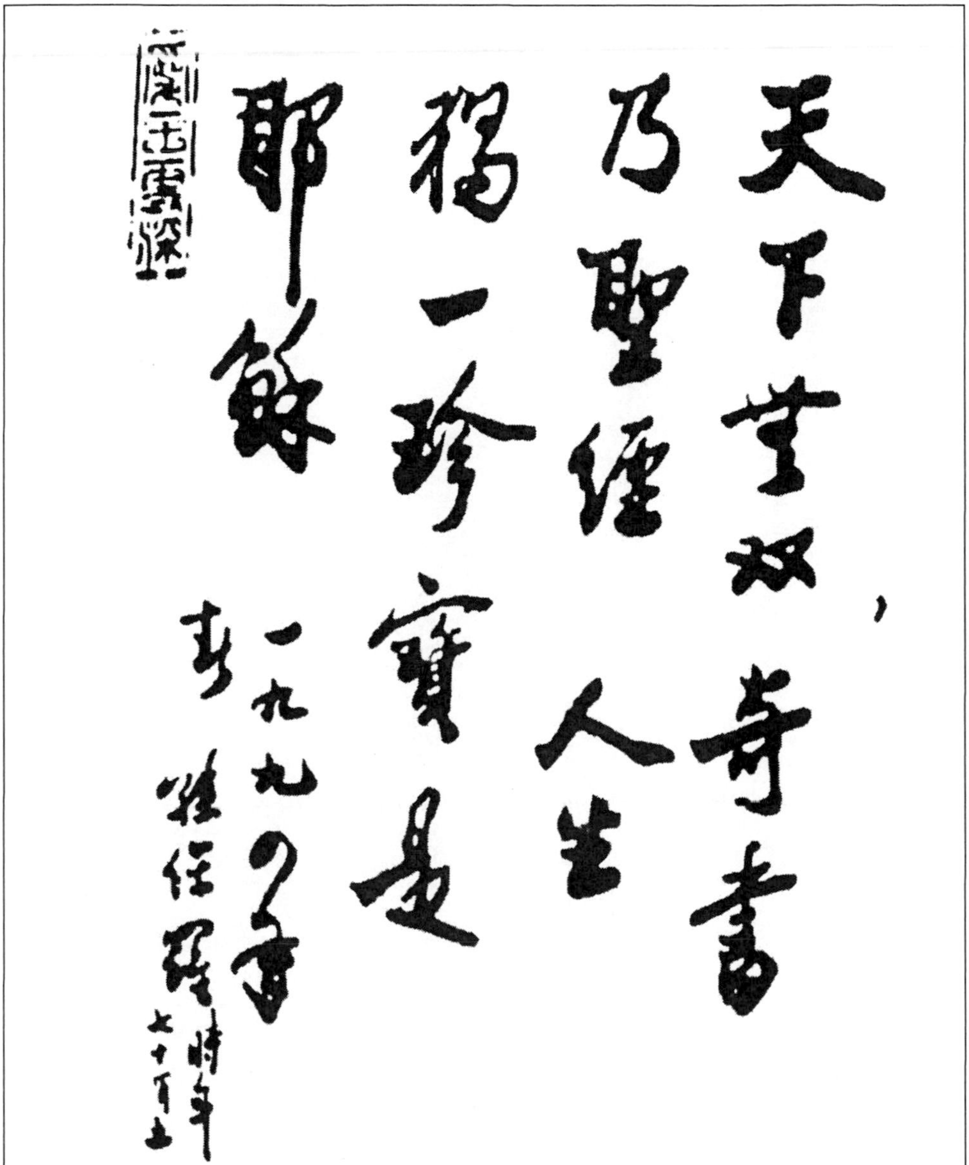

孫保羅書法「天下無雙奇書乃聖經」（1994年春）

50. 關於聖靈

約14:16「我要求父，父就賜給你們另一位保惠師，叫祂永遠與你們同在」。

主耶穌受死前夕，與門徒離別，安慰門徒，說「我不撇下你們為孤兒」，主應許要差另一位保惠師來（主耶穌自己就是保惠師，約壹2:1），永遠與門徒同在。新約時代信徒受聖靈是普遍的（每個信徒皆得），又是永久的（永遠同在）。這與舊約時代完全不同。徒2:1-4記聖靈時代的開始，和教會的建立。

聖靈的位格和工作，簡述如下：（1）聖靈是聖父的靈，也是聖子的靈，（羅8:9）是三一神的第三位，是與父，子同樣有位格的神（不是能力）。／（2）聖靈帶來一個new era，主升天了，Holy Spirit[1]繼續主的工作，與普世每一信徒同在，超出時空限制。／（3）聖靈把主耶穌的所是，所作，十字架的意義啟示在我們心裡，聖靈的啟示，全根據聖經尤其是新約，不超出聖經。（弗1:17）／（4）賜永生（羅8:1）使我們與父、子的生命合一（約15:4, 17:22-23）。／（5）為門徒代求（羅8:26），（主耶穌現在在天上也為門徒代求，羅8:34，Heb 7:24-25）。／（6）引導我們進入真理（約16:13），使我們明白聖經，和神的旨意，並隨時使我們想起主的話來。／（7）內住，永

1 康宜注：家父修訂稿作"H.S."。今改為"Holy Spirit"。

遠同在，隨時光照、引領、教導、警戒、責備、保守、保護、安慰，並使我們識破邪靈詭計而戰勝之（約壹4:4）。／（8）更新我們的生命（拆毀、重建，提多3:5-6，羅15:16）。／（9）作承受基業的「質」（頭款）和印記（屬神）（弗1:13-14）。／（10）叫世人自責悔改、信耶穌（約16:8）。／（11）其他。

讚曰：主聖靈是——
榮耀聖善的靈，
公義憐憫的靈，[1]
柔和謙卑的靈，
寧靜順服的靈，
真理智慧的靈，
生命得勝的靈，[2]
平安喜樂的靈。
大哉！聖靈。

在此要補充一點：現在常聽到要基督徒「求（賜）聖靈」，「求聖靈的洗」，以及對「聖靈充滿」的看法……，常引起爭論。我個人以為：

1 康宜注：家父的修訂稿在此處又加了一項參考資料——即「施恩的聖靈」（Heb 10:29）。

2 康宜注：家父的修訂稿在此處又加了以下的參考資料——賜能力的靈（Acts 1:8），為門徒禱告（代求）〔I Cor 12:11〕，制勝邪靈的（靈）〔I Jn 4:4〕。

甲·今天是聖靈時代，人一信主，立刻就受了聖靈（弗1:13，加3:2），所以，不再需要，（也不可以）再求聖靈了。（註：使徒時代初期的教會有些現象是當時特有的，是為了證實，為了建立教會，今天有了新約聖經，就不再出現了。cf.路11:7！那不是對我們說的，那是五旬節聖靈降臨以前的事，時代不同！）

乙·「受聖靈洗」，是各人信主時，「已經」經歷了的事實。（不是指日後的洗禮）。凡真心信主的，都是受了聖靈的洗，浸入一位聖靈，同時也有了聖靈內住。我們受的洗，理所當然是受「聖靈的洗」。（林前12:13）。使徒書信中也沒有教人要再受聖靈的洗。

丙·使徒的教訓，就是叫我們「要被聖靈充滿」！不是叫我們求聖靈充滿，是叫我們遵行這個命令！每個基督徒都有責任「被」聖靈充滿。

再說，聖靈充滿的明證，是人靈裡完全順服聖靈，樂意被聖靈管制，與聖靈亦步亦趨，讓聖靈完全得著我這個人！（當我信主時，我已經得著全部的聖靈了。林前12:13和提多3:6動詞都是完成式）。聖靈充滿的憑證，是生命的改變，有得勝能力，更像基督，結出聖靈的果子（加5:22-23）。〔屬靈恩賜非人人都有，但聖靈果子卻人人當有。「愛」高過一切恩賜。（Gal 5:22/ I Cor 12:31/ I Cor 13）〕。

寫到這裡，有一點感觸：今日所謂傳統的教會，很少注重聖靈充滿的真理，似乎不敢提，恐怕嚇跑了人。基督徒不明白應該被聖靈充滿，不知道應該背起十架跟耶穌，信徒多半「按名是活的」（啟3:1）[1]。

另一方面，所謂靈恩派教會，極力追求身體的感覺，和外表可見的事，以為那就是聖靈充滿，所以有受邪靈欺騙的危險。

[1] 啟示錄3:1，原文作：「我知道你的行為，按名你是活的，其實是死的」。

若有基督徒羨慕被聖靈充滿，有得勝能力，他就要倒空自我！聖靈充滿是人裡面的事，我們裡面沒有空位，如何能被充滿？（「再沒有器皿了，油就止住了」，王下4:1-7）

倒空自己需要樂意與主同釘（加2:20），要有一個心志：

第一，不是愛耶穌，而是要單單愛耶穌（exclusively），

第二，不是順服主，而是要絕對順服（unconditionally），

第三，不是獻上自己，而是要完全獻上（unreservedly）。

51. 鬼的真面目

約壹3:8「神的兒子顯現出來，為要除滅魔鬼的作為」。

聖經有三條線：一是神永恆的旨意和救恩計劃（金線），二是神子耶穌作成救贖工作（朱紅色線），最後，是撒旦與神作對（這是一條黑線）。現在我們看看這條黑線。

主耶穌道成肉身，降世為人，是為了要救罪人（太1:21）。而罪的元凶是撒旦（魔鬼）。撒旦霸佔了世界，控制了人（徒26:18，約壹5:19）。所以，耶穌要把人從罪和死的權下救出來，祂就必須先制服撒旦（太12:29）。為此，主一受洗立刻受魔鬼的試探，並且勝過了那惡者（太4:10, 11）。在十字架上主最後又徹底摧毀了鬼的權勢（創3:15，西2:15，來2:14-15），判了他的死刑（約12:31, 16:11），等候執行（啟20:10，太8:29）。所以，今天這末世，撒旦知道自己的時間不多了，就更加猖狂，作困獸之鬥，基督徒要愈發警醒，不可輕敵。

鬼是什麼？各民族皆知有鬼，有祭鬼，交鬼，巫術[1]等等活動，人天生地都怕鬼，拜了大鬼，又怕小鬼，拜了東鬼又怕西鬼，鬼影憧憧。但鬼是什麼？眾說紛紜。唯獨新約聖經褐穿了鬼的真面目，也唯有新約聖經敢褐穿。（耶穌是得勝的主！）新約聖經對鬼的啟示，要點是：（1）鬼是靈，是

1 康宜注：家父的修訂稿在此加了一個註解——「最古老的巫醫皆與蛇有關，使我們想到Gen 3:1/ Rev 12:9」。

邪靈（弗2:2，提前4:1），污穢的靈（可1:26），惡鬼（惡靈）（徒19:12），謬妄的靈（約壹4:6），謊言的靈（王上22:23，啟12:9）。／（2）鬼是不能見的靈界的存在。鬼不是一種能力，乃是有位格的實體（有知、情、意），能與人交通，能抵擋神，能影響人（能偽裝成任何形體，影相，聲音）。／（3）鬼是被造的，墮落的靈，不是自有永有的，不是與神平等的，有一天要被扔在火湖裡。／（4）鬼的性情，是說謊、假冒、偽裝、詭詐、陰險、狠毒、仇恨、污穢、殺害……（約8:44，林後2:11, 11:14），總之，他一切的工作都是為了害人（約壹5:18，路10:19）。／（5）撒旦是世界的王（約12:31），這世代的「神」[1]（林後4:4），是空中掌權者的首領（弗2:2），是這世界系統背後的策劃者（約壹5:19）。／（6）撒旦不是無所不在，無所不能。他一切活動，都在神掌握之下！（這是一個難明白的奧秘）。／（7）神之子主耶穌已經除滅了鬼的作為（IJn 3:8, Jn 12:31, Mt 4:10, IJn 2:13-14）。／（8）怕鬼的人，一信耶穌，立刻不怕鬼了（cf. #80見證）[2]。

基督徒應當知道，魔鬼與你我有極大的關係。你不拜偶像，不沾邪術，你是愛主的基督徒，那麼，撒旦就更要攻擊你，影響你——影響你與神的關係，使你懷疑神，不愛神；影響你與人的關係，待人無愛心，心裡被罪轄制；影響你與自己的關係，使你陷入罪念、情慾、貪心，以及一切埋怨、生氣、憂慮、害怕、退縮、讓步、空虛、低沉、自憐、沮喪、灰心等，負面的情緒（使你不能得勝，沒有平安）。

須知我們生活中一切的軟弱、退後、失敗、墮落，和生命的不長進，或多或少總是與撒旦有關係的。我們對付他的方法，第一要做醒、謹守（sober, alert），隨時識破他的詭計（彼前5:7），第二是

1 康宜注：今在此加一括號，因為撒旦只是暫時的「神」，「他一切活動，都在神掌握之下」。

2 康宜注：這裡「cf.#80見證」乃指本書第八十篇〈陳玉真見證〉。

靠主抵擋撒旦，「你們要順服神，務要抵擋（resist）魔鬼，魔鬼就必離開你們逃走了」（雅4:7）。抵擋！我們要向撒旦開口，命令他退去，要奉我們主耶穌的名趕走他（路10:19）。

52. 誰的就歸誰

可12:13-17「耶穌說，該撒的物當歸給該撒，神的物當歸給神」。

基督徒對國家、政權的關係如何？新約聖經有明確的教訓：就是守法，順從！無論住在何處，基督徒都當盡公民的義務，守政府的法規（可12:17，羅13:7, I Tim 2:1 ff）。然而，另一方面，我們是屬神的子民，我們敬拜神，事奉神是更高的責任與權利。我們敬拜、聚會、事奉、傳道……，若受到世上政權的干涉或禁止，我們只有一個選擇，就是「順服神，而不順服人」。（徒4:19, 5:29）在這種情形下，基督徒寧可為主受苦，絕不妥協，然而，我們「不以惡報惡」。使徒彼得在晚年，羅馬帝國大逼迫近在眉睫的時候，仍教訓門徒說：「要順服人的一切制度……或君王、臣宰……」（彼前2:13-15，提多3:1-2，羅13:1-7）。我們堅信神是掌管歷史的主，一切倚靠神。

基督徒在世是雙重身份，在世界不屬世界（約17:14, 18）。這世界是屬撒旦的，整個世界系統是反神的。所以基督徒絕不同流合污，不隨彼逐流。世人可以為所欲為，我們的路是窄門小路。就教會來說，教會更不能與世界有任何的關係。教會與政權無干，政權也不能干涉教會。教會要與世上政權，世界的價值觀，世界的作法，一刀兩斷！

基督徒輕看這短暫的世界（約壹2:15ff）。在世一切所有，一切所愛，主權都屬於主，我們的心不被它纏累，我們所思念的乃是天上永恆榮耀的家鄉（西3:1，林後4:18）——但這不是說，我們遁世、隱居。我們不屬世界，但我們在世有使命（約17:14, 18, 19），就是為主而活，為主而死，榮耀主，見證主。

「黑夜已深，白晝將近」（羅13:11-12）。感謝神，永活之主耶穌，永遠與我們同在。

53. 耶穌無罪

約8:46「你們中間誰能指證我有罪呢?」

主耶穌向那些故意抵擋主的法利賽人，發出了這麼一個問題。這些人不能答，顧左右而言他。主說的這句話是空前絕後的，世上再沒有誰「能」這麼說，「敢」這麼說！

俗語說，知人知面不知心，認識人好難！其實，認識自己都不可能。唯獨耶穌「知道萬人……知道人心裡所存的」。我感謝神，在信主之前，有一段人所罕有的經歷，就是，與我素所景仰的前輩，長者在一起生活起居。那時我驚奇地發現，人人原來都有「別人看不見的一面」，這對我是個震撼，使我有一種受騙的感覺。（但這也是我後來信主的一個助力）。那一次的經歷，使我看穿了一件事：我對某人的認識不過是遠距離觀測的結果，人很少經得起「近距離」觀測的。道貌岸然，令人肅然起敬的外表，也不過是外表。

主耶穌說祂無罪！主的門徒都見證祂無罪（彼前2:22, 3:18, 1:19，約壹3:5，cf林後5:21）。這個不簡單，因使徒跟從耶穌，不是短時間，不是間斷的，而是三年之久，日夜不離，一同起居，一同出外，同宿曠野，一同挨餓……主一天接觸無數的人！主的言語、態度、動機、全看在門徒眼中。假如主身上有什麼虛假、不義、脾氣、憂懼、能瞞得過那冒失衝動的彼得嗎？彼得晚年能為主釘十字架嗎？但彼得老年的書信，說「……基督的寶血，如同無瑕疵，無玷污的羔羊之血！（彼前1:19）耶穌通過三年「近距」觀測，證明是無瑕無疵。

再說，主大約三十歲出來傳道，自幼到三十歲都在家鄉度過，他的一言一行在家人（母親、弟、妹）面前，在鄰里之間，都是無法隱藏的。使徒行傳記載，主復活升天後，十一門徒和幾位婦女，還有耶穌的母親，耶穌的弟弟們，回到耶路撒冷一同聚集禱告！（徒1:12-14）怎有母親向兒子禱告的？以前不信祂的弟弟們也來一起禱告，怎麼可能？足證耶穌是無罪的，耶穌是神！還有，新約聖經雅各書的作者（耶穌的弟弟，加1:19）稱耶穌為「我們榮耀的主耶穌基督」（雅2:1）；寫猶大書的猶大（相信也是耶穌的弟弟，可6:3）也稱耶穌為「我們的主耶穌基督」（猶21節），怎麼可能？

羅馬巡撫（總督）彼拉多審問耶穌時，三次說，「我查不出祂有什麼罪來」（路23:22，約18:38, 19:4, 6）；與主同釘的一個強盜說，「這人（耶穌）沒有作過一件不好的事」；行刑的百夫長，在耶穌斷氣時說，「這人真是神的兒子（可15:39）；連賣主的猶大，也說耶穌是「無辜的人」！（太27:4）。耶穌是真人，只是祂無罪。（cf.第26篇，〈耶穌：真神真人〉）。

耶穌無罪，神使那無罪的替我們成為罪（II Cor 5:21, etc.）。耶穌是道（神）成了肉身（Jn 1:1, 1:14, I Tim 3:16），降世為人，甘願替人流血受死，使人因信得蒙赦罪（Mt 26:28, Lk 24:47），並因信祂而得永生（Jn 3:16, Rom 8:6）。耶穌就是舊約先知書中所預言的基督（受膏者，彌賽亞，Ps 2:7，神的兒子）。耶穌就是主前七百多年的先知以賽亞所預言的受苦的僕人、救主（Isa 52:13-53:12, 7:14, 9:6-7, Phil 2:5-11）。

耶穌是無罪的主，唯祂配審判罪人。主問法利賽人另一個問題：「你們中間誰是無罪的？」結果都不敢吭聲，一個一個溜走了！（約8:1-11）。

在耶穌面前，無人能推脫自己的罪，凡聽了福音而拒絕救恩的，無一人逃得過那日羔羊的忿怒（約3:17, 18, 36, 5:22, 12:48）。

然而，耶穌不僅僅是無罪。有一首詩歌〈每想到你〉，其中唱道：「主！你是沙崙的玫瑰花，谷中的百合花，園中的鳳仙花……」，是的，主耶穌在世上活出了一個無比榮美、高貴、馨香的生命，是宇宙中獨一無二的，是超過人間言語所能形容的（西2:2, 9；彼前1:9下；詩8:1）。

拿撒勒人耶穌是人類永恆的救主，是配得我們蒙恩罪人永遠敬拜、敬愛、為祂活、為祂死的——主救主耶穌基督。到那日，萬膝要向祂跪拜，萬口要向祂頌讚。哈利路亞！

54. 罪與信

詩95:6-7「來呀，我們要屈身敬拜，在造我們的耶和華面前跪下，因為祂是我們的神，我們是祂草場的羊，是祂手下的民。惟願你們今天聽祂的話」。

什麼是人與神的正當關係？這裡都說清楚了。究竟神是主？人是主？神在上？人在上？詩人的答案是：人對神的關係應當是——神是神，人是人，人理當敬拜順服神，「在祂面前跪下！」

回想我們未信之前，我們與神是什麼關係？是與神隔離，與神為敵，背逆神，偏行己路：這就是一個天然人的寫照。人天生就是有叛逆性，自己要當神。這種狀態，聖經稱之為「罪」！

罪的核心就是「我」，就是「自我中心」（self-centeredness），反權威，不承認人是被造。自我中心就是「我是神」，我要自主，要「由自」[1]。創世紀3:6記夏娃「吃了」樹上的果子，這「吃了」二字，就是「罪」的起源：人不聽神的話，反聽撒旦的話，於是罪就（藉撒旦）進入人類，人都落在撒旦掌握之中。

人想當神，但人不過是塵土。不讓神作神，人生一片混亂。

人若要得救，有盼望，享平安，只有調整，糾正他與神的「顛倒」關係。信耶穌才能得救，什麼

[1] 康宜注：請見第五十五篇〈由自！〉。家父以為「由自」是為所欲為，不是真「自由」。

叫信耶穌呢？

（1）信耶穌就是醒悟：「哎呀！原來我是有罪的，我的人生混亂痛苦，是因我偏行己路（沒有方向）。

（2）信耶穌就是回轉：一百八十度的回心轉意，改邪歸正，決志從此離棄己路，回歸神的路（God-centeredness）。信耶穌就是向耶穌投降，作耶穌的俘虜（II Cor 10:4-5, 2:14）。

（3）信耶穌就是接受：接待耶穌進入我生命中作「主」，我不再自主。（信＝委身）。

（4）信耶穌就是順服，信耶穌必然包括順服（沒有不順服的信），樂意遵行神旨意，神的命令，神的按排。

（5）信就是相信耶穌的信實（神是無謊言的神），信耶穌所說的「話」，相信耶穌的大能，大愛，永遠同在。基督徒的一生都靠信。（II Cor 5:7）。

「來呀！在造我們的主面前跪下」，這就是信的態度。但一切出乎神，唯神能使一個人樂意向祂跪下。

補充：

C.K. Berrett（1917-2011）：[1]「信」

“The hearing of faith (which is certainly not an attitude that man is able of himself freely to adept, but is a gift from God, made possible in the Holy Spirit) is itself a reversal of the rebellious dissatisfaction of Adam, who was not

[1] 康宜注：家父的修訂稿並沒註明C. K. Barrett的生卒年代，今加上。C.K. Barrett是著名的研究新約的學者，他的著作等身，以探討「信仰」（faith）的主題而聞名。故家父在修訂稿中，特別把C.K. Barrett的名字和「信」連在一起。

content to accept the place God assigned him, but set out to secure a beter place for himself.

It is not that faith is...a magic formula. It is not even that faith is an indispensable agent of instrument which by itself affects justification or salvation. It is simply that Faith is a description(from the human side)of the relationship with God, for which God created man, in which man lets God truly be God, and lets himself truly be man, that is, the obedient creature of the living God." [1]

---

1 康宜注：有關此篇的「補充」，除了以上來自C. K. Barrett書中的一段英文引言以外，家父還用圖表的方式，解釋C.K. Barrett對「信」的定義。大意是：（1）「信」就是從「不順服神」歸向（或逆轉到）「順服神」，（2）「信」就是從「對神不滿，自由自主」歸向（或逆轉到）「順服的被造」，（3）「信」就是從「人、神顛倒關係」歸向（或逆轉到）「以神為神，人為人」，（4）「信」就是從「向神高傲」歸向（或逆轉到）「向神謙卑」，（5）「信」就是從「己路，自我中心」歸向（或逆轉到）「神的路」，（6）「信」就是從「罪」歸向（或逆轉到）「義」。（請見本書附錄四，增補筆跡：取自第五十四篇）。又，以上引自C. K. Barrett的文字，請見以下參考書：*New International Bible Commentary*, edited by F. F. Bruce (Grand Rapids, Michigan:Zondervan Publishing House, 1979), p. 1100.

55. 由自！

約8:36「所以（天父的）兒子若叫你們自由，你們就真自由了。」

看！主耶穌在這裡講「真理」，「自由」，「罪」等等問題。誰能給這幾件事下定義？神的兒子耶穌，只簡單幾個字，就把最深奧的事講明了。主在約8:31-32這裡說到，凡立志遵行主道的，才是真門徒，真門徒必明白真理，真理必叫他們得以自由。接著又說：「（天父的）兒子若叫你們自由，你們就真自由了」。真門徒，真理，真自由！

現在我們來思想「自由」這個問題。今天可說是自由時代，人愈來愈自由，愈來愈要更多的自由！兒女要自由，不再服父母管束；夫妻都要自由，各行其是；青少年要自由，同性戀者要自由，小學生也要自由，槍殺老師，等等。今天所謂的自由，是什麼意思呢？一言以蔽之，就是反權威！

主耶穌說的，是「真自由」！為所欲為，不是自由，是「由自」！真自由是能「為所當為」，「有所不為」。真自由是能不發脾氣，不損人利己（不再作罪奴），真自由是能自我犧牲，愛神愛人（活出「人所以為人」的價值）。

人都有自由意志，所以人能作抉擇。自由意志是神造在人裡面的。人有自由可以選擇「聽我的」（聽魔鬼的），或聽神的。人選擇神，以神為絕對權威來運用自由，就是真自由；否則，超出神的旨意以外，去運用自由，結果就是自殺！

太陽系內每一個行星，都有神定的軌道，太陽是權威！每顆行星都順服太陽，才能免於互相碰撞。人背逆神，不以神為神，人神關係顛倒了，自由給人帶來混亂，衝突，內心全無平安。這是由自，不是自由。

唯獨神的兒子進入人的生命，人才能脫離罪的枷鎖，得真自由，享喜樂安息。

補充：

為所欲為是奴隸，
行神所喜悅是自由。

（八九年五月八日日記）

56. 葡萄樹與枝子

約15:4「你們要常在我裡面，我也常在你們裡面。枝子若不常在葡萄樹上，自己就不能結果子……」

平易淺顯的真理，就是最根本的真理。這節經文開頭兩小句，有人說，不能解為條件句，但我個人還是以為主的話在此有個先後次序（同第五節）。主沒有說，「我常在你們裡面，你們要常在我裡面」。這裡是說，我們要常在主裡面，主就常在我們裡面。我們要接到主的樹上去，主的生命就成為我們的，我們這個枝子才能結果子。

一信耶穌，主就看我們是配得接在他上面了（有得救的地位了）。但得救的實際經歷，要靠我們樂意去接。我去接樹，非樹來接我！我要順服主，追求合主心意，而不是讓主順著我！我們基督徒有許多問題，毛病都出在：想要叫主遷就我，甚至要主「聽我的」！我們雖然外表信了主，也有基督徒的樣式，實際上仍是與主沒有接觸，至多是「接觸不良」！我與耶穌的關係還不對！所以我們不能經歷主同在，不能得主的能力，不能結果子。

我這個枝子如何才能接到葡萄樹上去呢？就是藉著禱告不住向主陳明樂意「順服」的心志，如此日以繼夜，與主接連得牢靠，不再怕外面風吹雨打。

「常在」原文是「住在」，不是暫時歇腳，而是「住」進去。藉著在暗中不住禱告，與主保持暢通的關係，向主裡札根。如同揭去帕子，面對面見主榮光，「好像從鏡子裡反照，就變成主的形狀，榮上加榮。如同從主的靈變成的」（林後3:18）。

牢牢靠靠住在主裡面，我就經歷主豐滿的同在，聖靈充滿，主的能力源源而來，主的生命就藉我結出「像主」的果子來（聖靈的果子，加5:22）。

主說，結果子的才是主的門徒，反之，我若不結果子，虛有其表，那就證明我沒得著主的生命。

57. 測不透

詩139:6, 4「……這樣的知識奇妙，是我不能測的，至高是我不能及的……我要稱謝你，因我受造奇妙可畏，你的作為奇妙，這是我心深知道的」。

多年以前，看過一篇報導，說太平洋海底打撈起來的一艘潛水艇，艇長房間壁上釘有一塊小銅牌（Plaque），還釘得牢牢的，上面刻的字也清清楚楚：

O God, Thy sea is so great
My boat is so small
神啊，你的海洋何等偉大
我的小舟如此渺小

當時心中感受，這幾個字裡似乎有奇妙真理。到信了耶穌以後，才明白其中真義（cf. Isa 40:12-17, Ps 139:1-16, Acts 17:24-31, Rom 11:33-36, Isa 55:7-9）。我以前為何心中抵抗神？為何不能信主？為何撕破聖經？答案就在這裡——自以為知。有罪的人，天性就是自以為知，自以為是。

詩篇139篇作者是大衛，大衛曾犯滔天大罪，為何還被稱為「合主心意」（徒13:22，王上

15:5）？一個原因就是，他在神面前承認無知，自己太渺小，（詩139:6），神奇妙的事，他不知道（詩18:28, 19:12, 139:23-24）。

詩139:13-15——我是被造

139:6——我不知道

139:2-4——我只知神知道

這是人在神面前應有的態度。（太18:3-4）

古時約伯受極大試鍊，他仍然向神謙卑，說：「我赤身出於母胎，也必赤身歸回，賞賜的是耶和華，收取的也是耶和華，耶和華的名是應當稱頌的」。他承認，神是神，我是被造！後來苦難折磨太大，他實在難以忍受，心有怨言，他還是問神為什麼。神沒有正面回答他，反過來問他一連串的問題（伯40-41）。神說，「（這些）你知道嗎？」於是約伯再次謙卑下來，說，「我不知道！」（伯42:1-5）這就是約伯記的要義。人在神面前，只當俯伏在地敬拜，「我主我神，我讚美祢」。被造之人沒有資格問神為什麼（羅9:20）。基督徒只要記得，我不過是塵土，沒有資格問神為什麼——一切平安喜樂！一切欣然接受，一切感謝讚美，一切都看見神在我身上的計劃。

人的問題就是：自以為神，自以為知，自以為是——看不見神何等偉大，奇妙，無法測度。（伯42:3，詩139:6, 14）。我們基督徒的生命不長進，沒有主同在（經歷），失去平安喜樂：根源還是在此：「我」太大，向神高傲：以為「我都知道！」

當面對困苦的環境，無奈的遭遇時，我們若能跪下，說「主啊！（這些事）我不知道！」就少受許多痛苦；若能說：「主啊，你是知道的」，（結37:3，耶15:15，約2:24-25, 21:15-17）就能在一切難處中站起來，歡呼讚美主！

補充：

人受的苦，大別為兩方面：

1. 生老病死，災禍不幸，是人所測不透、人不能控制的。人為被造的，人需要尊神為神，向神謙卑順服，才能得勝苦難，轉禍為福。
2. 除此之外，人大部分痛苦，是人要負責的。由人的罪性（己）產生許多的苦果。驕傲、嫉妒、怨言、仇恨、自高自大、損人利己，及種種邪惡的念頭……造成說不盡的痛苦（內心混亂、衝突、牛氣、憂懼、空虛……）。人是有罪的，需要倚靠順服聖靈，接受十字架的對付，勝過「己」，痛苦才能解決。

主耶穌已經為我們開了一條平安喜樂之路。無論是（1）或是（2），人一切的苦難，唯有回到「神」面前，才有答案。

58. 主的話不改變

可13-31「天地要廢去，我的話卻不能廢去」。

「是非之心，人皆有之」。但看看今天的世界，不禁要問，人還有是非之心嗎？人的天良似乎泯滅了，人更像禽獸了：以惡為善，以善為惡，以暗為光，以光為暗，可恥的說是榮耀！什麼叫是，什麼叫非，沒有標準，所以先知說：「禍哉」！（賽5:20）

人不是沒有標準。人是神造的，神的話就是標準。標準永在，只是人掩耳不聽神的話！主耶穌說，「天地要廢去，我的話卻不能廢去」，真的嗎？兩千年過去了，人的社會，制度，生活，思想，都不停地變遷，但主耶穌的話，有沒有改變？主的話在今天照常適用，而且更加適用，東方西方，紅黃白黑，男女老少，無一不適用！

儘管人不要神，神的標準屹立不動！我以前背逆神，把聖經撕破，但真理撕不掉（提後2:9）。「你們若甘心聽從，必吃地上的美物，若不聽從，反倒背逆，必被刀劍吞滅：這是耶和華親口說的」（賽1:19）。神的話是斬釘截鐵，說一不二的！

主耶穌曾對謀害祂的猶太人，設一個比喻（凶惡園戶的比喻），主引詩篇118:22說，「誰掉在這石頭上，必要跌碎，這石頭掉在誰身上，就要把誰砸得稀爛」（太21:44）。

主耶穌把自己比作石頭。對信的人祂是避難所，是磐石！對拒絕祂的人，是絆腳的石頭，跌人的磐石（賽8:14-15，徒4:11，彼前2:4-8）。因為主耶穌是真理，是永恆的標準（真理是普世性的，又是永恆的）。耶穌出生後，祂父母照律法，把祂獻給神，那時，聖殿中的老西面，對馬利亞說：「這孩子被立，是要叫以色列中許多人跌倒，許多人興起（路2:35）」。主是萬人的救主（提前2:4, 4:10下），主怎麼會叫人跌倒？是因為人拒絕耶穌，就自然落在「標準」之外，成了被砸爛的。（約3:17, 18, 36）

耶穌來了，信的人就進入救恩（福音）；不信的人就落入審判（禍音）！

因為神的話是律，「神的話安定在天，直到永遠（詩119:89）」。人藐視神的話必自食其果。

59. 莫大的能力

林後4:7-11「我們有這寶貝放在瓦器裡，要顯明這莫大的能力是出於神……（我們）身上常帶著耶穌的死，使耶穌的生，也顯明在我們身上」。

基督徒不過是個瓦器，是個蒙恩的罪人，本來極其軟弱，但因裡面有寶貝，就有「莫大的」能力。

什麼能力呢？是超自然的奇異能力嗎？是成功成名，作人上人的能力嗎？是能欺負人，發脾氣的能力嗎？都不是！是得勝的能力！有耶穌生命的基督徒，能受氣不報復，能不弄虛作假，能自我犧牲，能愛神愛人，能不被世界纏累，能不被苦難壓垮，在一切試煉中能站立得住。這些是天上來的能力。

問題是，基督徒如何讓這莫大的能力從我們裡面活出來呢？答案就是「身上常帶著耶穌的死！」耶穌的死，就是為遵行父旨意而樂意「放棄一切」的心志，（一切：祂的榮耀，權能，權利，自由，包括生命）。我們身上帶著耶穌的死，就是認同耶穌的十字架，經歷耶穌的死（腓3:10）；就是為耶穌的緣故甘願釘死自我，放棄一切的權利，自由，榮譽，健康，親情……。（正如保羅一樣）。

生命的原則，是不死不能生（約12:24-25）。我們身上帶著多少耶穌的死，就有多少耶穌的生（生命）。有多少耶穌就有多少能力。大數的掃羅[1]，在大馬色路上看見了耶穌以後，他就為耶穌的緣故，不顧性命（林前15:31），所以他身上顯出莫大的能力來。

我們用什麼為主作見證呢？最重要的不是工作，不是才幹，而是我們身上的傷痕。

基督徒若有殉道的心志，不但能在人前作見證，並且能在撒旦面前，作主耶穌的見證人（啟12:11）。

1 康宜注：「大數」就是Tarsus的中譯。聖徒保羅（Paul the Apostle）的猶太名字是：Saul of Tarsus（即「大數的掃羅」）。請見〈使徒行傳〉9:11, 又有關這個注，我要特別感謝耶魯博士生凌超的幫助。

60. 要喜樂

帖前5:16-18「要常常喜樂！要不住地禱告！要凡事謝恩！因為這是神在基督耶穌裡向你們所定的旨意。」

新約聖經中所說的喜樂，是人在逆境中，心靈深處能有屬天的平安。主耶穌在受死前夕，為門徒留下了「我的平安」，「我的喜樂」！十架當前，主心中仍能喜樂，因為主不住地與父有親密的交通，時時經歷父的同在（約16:32, 8:29, 8:16），因祂絕對順服父的旨意（約8:29，腓2:8）。所以十字架不影響祂的喜樂，而且能有喜樂留給我們。

帖撒羅尼迦教會是正在受逼迫的教會，保羅卻叫他們要喜樂。保羅後來繫獄羅馬的時候，等待判決，生死未卜，那時寫給腓立比教會的信中，也反復多次用「喜樂」這個字！保羅自從看見復活的主那一天起，他就立定志向，為主而活，為主而死。他把生死置之度外，（林前15:31下，徒15:26, 20:22-24）他生命與耶穌完全合一。他有把握，或生或死，主都與他同在，所以，他對危難視若無睹。

「（你們）要喜樂！」這是給我們的一個命令！這個命令看來似乎矛盾。人不能喜樂，如何能命令他喜樂呢？原來，喜樂是意志上的事，是個人的選擇。保羅接著說，要不住禱告，要凡事謝恩，就能喜樂！

「不住地禱告」，就是隨時隨地在心裡禱告！（cf.尼2:4），在環境凶險黑暗時，我們在禱告中謙卑俯伏在主面前仰望等候。不住與主相連，時時有主同在，支取主的能力，並透過主來看一切環境，和自己。看見在一切人、事、物之後都有神的手在指揮，我們就能讚美主。

「凡事謝恩」，就是在一切痛苦拂逆的遭遇裡，對神絕對順服。可以呼求，可以流淚，但沒有怨言。人一順服下來，就能讚美主。

當你面對什麼難處，使你過不去的時候，你「要」喜樂！要向主說，「感謝主，這是你的美意，我俯伏敬拜」，你就過得去。無論有什麼十字架臨到你，要向主說：「這是你手為我所按排的，我讚美主！」你就喜樂，得勝。

猶大王約沙法，他迎敵的辦法很可笑：他把樂隊放在全軍的最前面！（而不是衝鋒隊打前陣），那知遭遇敵軍的時候，樂隊一高聲讚美神，忽然敵軍潰亂，盡被殺光（代下20:1-28），這裡有一個屬靈的教訓：危難當前，你一害怕，就中撒旦詭計；你大著膽子讚美主耶穌，你就被提升，超越危難之上！

先知哈巴谷面對大難臨頭時，他說，「雖然……，然而，我要（I will）在主裡喜樂……主是我的力量……」（哈3:16-19）。

有一位前輩聖徒[1]，坐監二十餘年，為主殉道。他最後一封家書，短短數行，其中兩次提到要喜樂！

我們基督徒有責任喜樂！不但是為了我們能得勝，也是為了榮耀神。弟兄們，你要不要喜樂？

---

1 康宜注：在此「前輩聖徒」指的是倪析聲先生。他於一九七二年四月二十二日寫給家人的信中說道：「但我維持自己的喜樂，……希望你自己也……心中充滿喜樂」。那是倪析聲生前所寫的最後一封信。

補充：

6-23-00日記

〈靈界的實在〉

屬靈的事是人不能用理性明白的，但在經歷中可以證實。因為靈界（超乎物界之外，如神，天使，魔鬼）是十分真實的。

我們敬拜神，信耶穌是進入靈界，世人交鬼祭鬼，也是進入靈界。

例如（1），當你遭遇可怕可憂的事，你若有信心奉主耶穌基督的名斥退撒旦，說，「撒旦，我不怕，我奉主耶穌的名趕你走！」——你立刻平安喜樂。

例（2），「主耶穌，我得了cancer了，我讚美祢的旨意，敬拜祢的道路，一切是出於主，我將自己交在祢手中，仰望主的憐憫」——（你會）[1]立刻平安，無憂無慮。

例（3），假定有一個人（尤其是知心好友，甚至骨肉之親）有意折磨你，無理由地傷害你，侮辱你。知道你是基督徒，更故意欺負你，叫你吃虧，受損，受苦，傷心，悲忿——這時，你怎麼樣？你若真樂意跪在主腳前流淚向主說：「主啊，我樂意照祢旨意行，我要饒恕他，如同祢恩待我……」。這時喜樂就充滿你心，主同在、無比真實。耶穌是神，所以祂的名，祂的話，祂的靈，大有權能。

---

1 康宜注：原文沒有「你會」二字。今加上。

61. 真盼望

西1:5「給你們存在天上的盼望」。

信耶穌，只要謙卑地讀聖經（尤其新約聖經）就夠了。因為主耶穌的話，是那麼清楚，肯定，連小孩子都懂。保羅在此告訴歌羅西的門徒，他們信耶穌，是有盼望的，他們的盼望，是「存在天上的」盼望。有一件事曾引起我注意，就是我所遇見的青年人，凡誠心愛主的，都有一個共通點，就是他們對「地上」都不存幻想。在福音書中記載主的教訓，都是叫人先看清楚，這世界的盼望是虛假的，人應當尋求的是，真正的盼望。

例如主曾用比喻說，有個自以為足的財主，把希望全放在身外之物上，主說：「神卻對他說，無知的人哪，今夜必要你的靈魂，你所預備的，要歸誰呢？」主的意思就是說，「你這個人哪，你是要死的，知道嗎？你死了，靈魂往哪裡去？你一生勞苦奮鬥得來的一切，你死了還有何用？」主是叫人要「思想」，要「預備」將來。主勸人選擇那真實的，天上的，永恆的財寶，不要倚靠地上虛假的財寶。「信子的有永生」，主耶穌就是永生，唯獨永生是人真實的盼望。

主又說，「你的財寶在哪裡，你的心也在哪裡」（太6:19-21）。如果你所愛的是耶穌，是永生，你的心必在天上（西3:1-4），你的盼望也就在天上。反之，你所愛的是地上的東西，你就得不著天上的盼望。何去何從呢？「凡救自己生命的，必喪掉生命……人就是賺得全世界，賠上自己的生命（永生），有什麼益處呢……」主的話是提醒人，天地不能兼得！信耶穌的人如果還抓住世界不放，其結果是兩頭空！（少年官求永生，卻失之交臂，只因他產業太多，可10:17-22）。人或用今生換來生，或以來生換今生（可8:34-38）。但，很可惜，「駱駝穿過針的眼，比財主進天國還容易呢！」（可10:25）

如何證明人真信耶穌呢？他的財寶在天上了，他的心不在地上了，他為耶穌的緣故有所捨棄！有人捨時間，有人捨健康，有人捨親情、財物、舒適、名聲、榮譽（面子）……也有人為主捨生命！

我們也許沒有機會為主捨命，但我們若愛主，順服主，有榮耀主的心志，我們也必定為主受苦（釘死老我），為主愛人（自我犧牲），為主忍苦受氣……。為主有所捨棄的，才對「永生」（進天國、得救、與主同在）有把握！永生不但是我們存在天上的永恆的盼望，也是今生行走天路的力量。

我們最重要的不是為主作了多少工作，而是我們的心在哪裡。惟獨為主的緣故而作的，為愛神愛人而作的，才永遠長存。

62.合主心意嗎？

帖前5:19「不要消滅聖靈的感動」。

新約的要義，就是寶血赦罪（太26:28），不但赦罪，而且洗罪，除罪。主耶穌在十字架上替我們罪人死，不但是要救我們脫離將來的審判、地獄、永刑，也是要救我們今生脫離罪的權勢，得以自由，能不犯罪。然而，我們雖然信了主、罪性還在，我們還住在撒旦控制的世上，稍不小心，還難免犯罪（約壹2:1f）。因此，使徒教導我們要「潔淨自己。」（林後7:1，約壹3:3，彼前1:22）

吾日三省吾身，這是聖人的心志，無奈人沒有「自知」之明，隱藏在心底的罪，自己看不見。看不見，如何能自省呢？新約的特點是信的人不但有聖經，可以明白神旨意，而且還有聖靈永遠內住。基督徒一萌罪念，聖靈立刻禁止，立刻封殺。大衛不是三省吾身，而是求神鑒察，試驗他的心思意念（詩139:23-24），求主照明他裡面隱藏的罪的動機（詩18:28, 19:12-14）。因為大衛犯罪痛悔之後，深知隱藏的動機，比犯出來的罪更可怕。星星之火，留在心裡，不知何時就會爆發成為大罪。

今天新約時代，我們有聖靈隨時光照了。問題是：我們樂意不樂意聽從聖靈的聲音？基督徒的生活是經常在屬靈的爭戰中。聖靈發聲，但邪靈也同時有聲音進來。所以爭戰得勝的關鍵，在乎我們立志靠著聖靈勝過邪靈（約壹4:4，雅4:7）。聽見聖靈聲音，立刻向主說「是的」，聽見邪靈聲音立刻向他說：「我不」。我們受聖靈光照，一看見裡面有什麼不對，立刻禱告主，「主啊，這個不合祢的心意，求主攔阻」。真正的得勝，是靈裡的得勝，生命長進，全靠隨時隨地、靠主除掉心中的罪種，不給撒旦留地步（弗4:27）。因為「罪」是撒旦的地盤。

要順服聖靈，倚靠聖靈，隨時根除裡面「不合主心意」的東西（雖是極小的事，負面的情緒，一概不放過）。雀鳥可以在我頭上飛來飛去，但不許它在頭髮中搭窩！

補充：

主啊，求祢使我這個人在祢面前，
今日比昨日能更好一點點。

（II Cor 4:16, Phil 3:13-14）

63.金銀都沒有

徒3:6「金銀我都沒有，只把我所有的給你；我奉拿撒勒人耶穌基督的名，叫你起來行走」。

我們信耶穌日復一日，年復一年，愈感耶穌無限寶貴！所以大衛在詩18:1-2那裡[1]，一口氣用十個不同的字，表達主對他的寶貴，真是口舌述說不盡！人有了主耶穌，一切都有了。

耶穌是萬有之主，叫失明的能看見，癱瘓的起來走，被罪捆綁的得釋放，但主並沒有給他們金銀財寶。主曾責備當年追著找祂的人群，是「吃餅得飽」！主不是阿拉丁的神燈。可嘆今天許多基督徒利用耶穌滿足他們在世屬肉體的需要，此等功利主義的「基督徒」恐怕是屬於口稱主啊，主啊的人（太7:21f）。看果子就知道樹！（太12:33）

不錯，主耶穌是「一切美善的恩賜，全備的賞賜」之源頭，但祂知道我們最大的需要，是屬靈的，永恒的事。假定一個人在世，所想要的，都抓到了，又活兩百歲，……So what?不過是被罪捆綁走向滅亡，勞苦愁煩，轉眼成空！我們以前是癱瘓的，絕望的，受各樣苦，無奈無助。直到主耶穌醫治了我們，叫我們起來行走！主把祂自己給了我們：我們有了人生的意義，方向，希望，價值，力量，平安喜樂！

---

[1] 康宜注：家父之所以在此提到大衛王，乃是因為〈使徒行傳〉二章二十九－三十六記載大衛王早已預言基督要復活的事：「主對我主說：你坐在我的右邊，等我使你仇敵作你的腳凳」。（參照《詩篇》110:1）。

基督徒當追求得著的是主耶穌（腓3:8），不是耶穌的「好處」（詩106:15, 16:2），有了耶穌才是真好處。宣道會的創立人A. B. Simpson（1843-1919）[1]有一首聖詩：

(Himself)
Once it was the blessing, Now it is the Lord,
Once it was the feeling, Now it is His Word,
Once His gift I wanted, Now the Giver own,
Once I sought for healing, Now Himself alone.
(Refrain) All in all forever,
Jesus will I sing,
Everything in Jesus,
And Jesus everything.

[1] 康宜注：父親的原稿及修訂稿並沒註明A.B. Simpson的生卒年，今加上。

64.下坡路

箴24:30-34「我經過懶惰人的田地，無知人的葡萄園，荊棘長滿了地皮，刺草遮蓋了田面，石牆也倒塌了……」。

這世界現在仍是撒旦所霸佔的，直到主再來，才能最後把那惡者及其黨羽扔在琉璜的火湖裡（啟20:10）。這世界有一個荒蕪的定律：良田變荒野！若任其自然，從來不會有荒野變良田的！人心也是如此；撒旦在基督徒心中作工，要不知不覺地，把我們拖回敗壞的世界。我們若不警覺，若沒有一個很清楚的「逆流而上」的心志，那麼，聖靈在我們心中費力墾殖的一隅良田，是保不住的！

以色列人第一代王掃羅，未作王以前本是一個謙卑體貼的人，尊敬神僕，尋求神旨，寬容大度，不計人惡（撒上9-11章）。但登上王位之後，一變而為自是，固執，妄自擅專，貪心，說謊，又對大衛百般逼迫，窮追不捨。從此以後直到他陣亡自殺，掃羅的心充滿了嫉恨，詭詐，偽善，惡毒，凶狠，疑神疑鬼，犯罪如狂，怙惡不悛，悔而不改（撒上十八章以下）。

再看大衛的兒子所羅門，蒙神賜他稀有的智慧，神又曾兩次向他顯現，一切蒙神喜悅，誰料老年的時候娶外邦女子，從外邦習俗，養妃嬪千人，「誘惑他的心，去隨從別神……」（王上11:1-9）

我們基督徒跟從主耶穌，走天國道路，就必須抗拒世界潮流，逆著己性，盡心竭力，「向著標竿直跑」（腓3:14）。每天一個思想，一個動念，聖靈說是「不合主心意」的，立刻禱告承認，求聖靈攔阻。每天所看，所讀，所聽，所談，所交往的人，一看出主不喜悅，立刻認罪改正！否則，不知不覺，有一天我們就會隨流沖去，正如羅得「漸漸」挪移帳逢，直到所多瑪！基督徒要時時爭戰，昨天的得勝並不保證今天也得勝（創13:12）。

我們信耶穌，不在乎起點如何，神看終點如何。人年齡漸長，並不保證「靈命」增長。世途可畏，求主保守我們警醒不懈，愛主之心，始終不渝，以保晚節。

65.傳道？是道？

可1:22「眾人很希奇祂（耶穌）的教訓，因為祂教訓他們，正像有權柄的人」。

主耶穌開口一講道，聽的人都希奇驚訝（可1:22, 27），因為耶穌身上有神的權柄！

耶穌到世上來傳道，來撒種（太13:37），祂不單是傳，不單是撒，祂「就是」道，就是種子（約1:14，彼前1:23，約壹3:9）。祂傳的是生命之道（腓2:16，約6:63），祂自己就是生命之道（約1:4，約壹1:1）。所以，祂有生命賜給我們。

主吩咐我們去傳道，我們傳什麼呢？就是把福音真理教導別人，但還不只於此。神要用我們，藉著我們所傳的，叫人得生命。所以，神先看我這個人是個怎樣的人，至於我能講什麼，能作什麼，還在其次。能言善道，口若懸河，可能是講演的好條件。但傳道卻要有神的權柄！聖經上同樣一句話，說出來能不能影響別人的生命，那要看是出自誰的口。是道，才能傳道；有生命，才能把生命分給別人。有神生命的人，傳生命的道，就帶著神的權柄！他是否牧師，長老，「平信徒」[1]，……無關宏旨。神眼中看為重要的，首先是他這個人，他與耶穌的關係如何（太7:21ff）。【使徒書信的重點是什麼呢？是門徒生命的塑造！】使徒書信沒有著重門徒都要去傳福音，而是著重生命的活出，有好行

1 康宜注：家父的修訂稿在此有個註解：「這個字〔指「平信徒」〕是羅馬天主教的傳統，違背NT真理！此字當廢除！」

為——才具備傳福音的條件。（Mt 5:13, 14, 16 / Jn 15章，結果子主要也是指生命 / Phil 2:15, 15, /IPet 2:9, 120）。為主發聲易，為主發光難！（遠方宣道不容易，在家宣道更難）。

權柄是不能假冒的！（魔鬼也認識主耶穌，也認識你我是不是真基督徒）（可1:24，徒19:15-16）。我們講的頭頭是道，自己若沒有生命，不能造就人。有神的權柄，你這個人單單站在這裡，就叫人希奇！先知以利沙，就曾被書念婦人認出來，「我看出那人……是聖潔的神人！」（王下4:8-9）

66.奇妙的保羅

徒20:24「我不以性命為念，也不看為寶貴，只要行完我的路程，成就我從主耶穌所領受的職事，證明神恩惠的福音」。

耶穌是奇妙，是神的奧秘（西2:2下）；新約聖經是奇妙，教會是奇妙，保羅這人也是奇妙。

猶太教是基督教的搖籃，也險些成了基督教的墳墓。初期教會只被人看作是猶太教裡的一個宗派（"sect"—Acts 24:5, 14/ 28:22）。因當時的教會與猶太教的律法主義傳統，有千絲萬縷的關連。真正把基督教從猶太教中解救出來的，就是保羅。有保羅，基督教才能與猶太教分道揚鑣。可以說，沒有保羅就沒有教會，沒有保羅，我們（外邦人）今天就沒有福音。保羅三次旅行佈道，赤手空拳，披荊斬棘，宣傳福音，建立教會，使基督的救恩，在短短十年左右，傳遍當時的世界（環繞地中海的羅馬帝國），這個奇妙的事實，是保羅為主受苦，受害，挨打，坐牢，冒死所結的果子。

保羅書信（佔新約聖經的1/4強），奠定了教會真理和信仰的基礎，成為歷代教會衛道的根據。教會史上每一次復興，總是由於在保羅書信中發現新的真理。馬丁路德因重新發現「因信稱義」的真理，才能推翻羅馬天主教千餘年的背道，腐敗，暗無天日的統治。

保羅是一個個性專注的人，凡事絕不妥協。他逼迫教會，就趕盡殺絕（加1:13，徒8:3），他跟從耶穌，就為主拼命（徒15:26, 21:13，腓1:20-21）。想到他何以忽然之間在大馬色路上有這樣澈底、立刻的改變，實在無法解釋，只能說是神奇妙的作為。

再者，保羅的出身和背景，非同尋常：他是純種希伯來人，亞伯拉罕嫡系後裔，是法利賽人，又受教於名師，是年青的神學家，學貫兩希，守律法無可指責，熱心事神，逼迫教會，他的前途似錦！何以一夕之間竟把這一切優越條件都棄之不顧呢？（腓3:7-8）。何以他竟能突破猶太人沉重的傳統（種族，宗教，文化）的束縛呢？奇妙！

保羅未曾跟過肉身的耶穌，他怎能知道主的心（林前2:16，腓2:5），又怎能「深知基督的奧秘」（弗3:3-4），又何以他的教訓與主的教訓若合符節呢？保羅未曾求教於主的大使徒（加1:1, 1:11, 1:18-19），而他的教訓，他所傳福音的內容，與其他跟過主的使徒們並行不悖，相得益彰，這怎麼可能呢？奇妙！

奇妙的保羅，證明我們所信的福音真道，不是向壁虛造，荒誕無稽的傳聞，而是神的大能！

補充：（See 11/17/99日記）[1]

使徒保羅轉變之心路歷程：

至寶（Phil3:8）：人認識至寶，何等不易，需靈眼蒙神打開（II Cor 4:4），否則以璧為石！

人在世上，愈舒服，愈成功，愈不會思想（不認自己真相：依靠虛假，需要耶穌）。

1.保羅向神誠實，熱心敬拜事奉神（祖宗兩千年傳統），所以大力逼迫門徒（Acts 26:9/I Tim 1:15/ Rom 10:2）：

2.因以基督徒為異端（Acts 24:4, 14）：

---

[1] 康宜注：這篇「補充」（根據11/17/99日記）顯然是家父寫給自己參考的筆記大綱，大概不預備給讀者們看的。但今仍抄錄在此，或許對一些熟悉〈使徒行傳〉的讀者們有幫助。

違背律法（指責法利賽人假冒為善）
褻瀆神（人自稱是神，是基督）
背叛祖宗（Abram, Moses...）
3.用腳踢刺（Acts 26:14）：
- 教會的見證（漁夫Peter, John（的）膽量）
傳耶穌是OT中所指的基督／你們把主耶穌釘十架的罪／耶穌復活了！（神使祂……）
- 門徒受逼迫，不反抗，不報復，為主死（Stephen之死！）
- 教會愈受逼迫，愈廣傳（從Jerusalm→Judea→Samaria→外邦）
- 老師Gamaliel的眼光，有可能是攻擊神，（Acts 5:38-40）；老師言猶在耳。

4.Crisis!Q：
老師的話什麼意思？
耶穌門徒的見證why？
耶穌是不是異端？
我逼迫基督徒可能是錯了嗎？
耶穌是不是OT中所指的彌賽亞？
若是，是不是一個new era到來了？
十字架，什麼意思／復活什麼意思？
神的國，福音什麼意思？
律法能解決罪嗎？守律法有永生嗎？
全是新的！赦罪賜生命的主。

5.保羅來勢凶凶，面向Damascus，內心爭戰激烈，痛苦萬狀時，耶穌這時向祂顯現（神跡）——突然被打倒在地，
怎麼？原來我是逼迫神（耶和華）呀！Shocked，三日不見，不食不眠，耶穌一個「why」，解決他內心一切why！

6.Eureka！見到真神了！！！原來OT所記已應驗，於是就在Damascus傳「耶穌是基督，是神兒子「（Acts 9:20-23）。

7.至寶！棄一切為糞土，樂作主奴，為主死！一生不忘己罪，主恩！

67. 災禍忽然臨到

帖前5:3「人正說平安穩妥的時候，災禍忽然臨到他們」。

據國家地理雜誌報導，美國因天然災害而造成的損失，近十年來已增加一倍（由每年二十五億元加到五十億元），這顯然表示自然災害（如地震、火山爆發、颶風、龍捲風、洪水、山崩、旱災……）日益嚴重。真正原因，科學家也不清楚。其實新約聖經早有預言，末世的徵兆之一，就是天象反常！（近年來地震的頻度與強度與日俱增，已屢有所聞）。

有趣的是，該雜誌報導Florida一小鎮，遭龍捲風肆虐，毀屋拔樹，人們手足無措之時，有一個受驚嚇的六歲小孩，問媽媽說，"Why God did this?"——這真是一個發人深省的問題。不過，人沒有答案，唯獨神有。

神降災禍，（賽45:7，哀歌3:38）是有目的的（耶29:11，詩119:71, 67），就是要逼著人看清楚「我是誰」。平安穩妥中，人總以為，「我」有本事，甚至身體健康也叫人自豪！人的天性，就是目中無神，高傲自大，所以，必須大難臨頭，才能看見原來我是這麼脆弱！

現今科學進步神速，一日千里，無論什麼災害，都有專家調查研究，有儀器，有預報，以為很安全了，那知一個龍捲風來，頃刻間市鎮就夷為平地！在大自然的威力面前，人的智慧毫無用武之地

（詩107:25-27）。神許可災難，是叫人謙卑，叫人悔改，（路13:1-5）因為人人都會碰上災禍，人人都要預備見神！（路12:20，摩4:12）人最要緊的，是趁有今日，信靠耶穌，得著永生。

約伯記的主題，就是「神為何許可人受苦？」神沒有直接回答。答案就在伯42:1-6這幾句話裡——受苦使約伯更深認識神，也更深認識了自己（我不過是人），於是謙卑懊悔，心得安息。

68. 科技與人

耶8:7「他們（智慧人）棄掉耶和華的話，心裡還有什麼智慧呢！」

電腦千年蟲！這是一條什麼蟲啊！

電腦問世以來，惹的禍已罄竹難書了，如今忽然又冒出了個千年蟲來。當然，比起各式各樣的電腦犯罪，此蟲也算不得什麼了不起的害蟲，不過，也夠全世界學者專家們傷腦筋的了。奇怪，電腦是人發明的，程式是人設計的，科技不都是為了「造福」人類嗎？怎麼頻頻闖禍，倒威脅起人來了？

回顧近代科技發展的歷史，追本溯源，始作俑者是十八世紀的工業革命。西方文化中「人本主義」的思潮，因著工業革命的推動，而洶湧澎湃。於是科學萬能，人定勝天，唯物思想，自由主義，功利主義等等學說，相繼而起，加上十九世紀的物種進化論，物競天擇說，階級斗爭論，心理分析學，神死論……互相激盪，迫使人類不由自主，衝向自己所不知的死路！進入二十世紀，先是第一次「世界」大戰爆發，接著又是二次大戰。而今核戰危機迫在眉睫，一觸即發。倘若到時候主耶穌尚未回來，恐怕四次大戰只有樹枝石塊可當武器了。

猶記六七十年之前，看過的影片中，記憶猶新者，有Chaplin的「摩登時代」，和Shelley的“Frankenstein”。當時我覺得這些人真是想入非非，誰料如今事實擺在面前，他們不幸而言中。

科技是人「智慧」的產物，人反變成了科技的犧牲品，何等諷刺！然而這瘋狂世界已經走在不能還原的自殺路上！話說回來，科技本身是中性的，原無所謂善惡。問題在乎人如何運用。人按神旨意去用，科技則為人類福祉服務；人「棄掉」神，科技就為撒旦服務了。君不見科學家各種革命性的發現、發明，一出生就落入撒旦手中？

「敬畏神是智慧的開端」（箴9:10，詩111:10）。人自作聰明，結果變成可憐蟲！嗚呼哀哉。

補充：

參看章力生先生著《人文主義批判》[1]，p. 47-

「一八六〇年法國化學家Marcelin Berthelot說：「百年之內，理化學家將知原子的威力，到了那時，上帝必從天降下，昭告世人說：「先生們，你們的末日到了」」。

人類自己已經造了地獄了，正如新約聖經所預言：「在那日，天被火燒就銷化了，有形質的都要被烈火熔化」（II Peter 3:8-13）。主耶穌自己也說，「天地要廢去」（Mk13:31）。新約聖經的預言，在六七十年前，人還以為不過是比喻，今日一定要兌現了。

世人啊，為何還不趕快信耶穌得永生！

[1] 康宜注：此處家父的引文大部分來自章力生，《人文主義批判》（香港：基道書樓，一九八六版）。

69. 教會與世界

林後6:14-15「你們和不信的，原不相配，不要同負一軛……光明和黑暗，信的和不信的，有什麼相干呢？」

教會應該從過去失敗的歷史中記取教訓。舉例如下：

1. 初代教會受羅馬帝國二五〇年大逼迫，教會卻屹立不動，反而福音廣傳。但後來，康士坦丁下容忍詔，Theodosius又定基督教為「國教」，強迫人必需信耶穌。這麼一來，在羅馬帝國的廢墟上建立起一個羅馬天主教的「教皇」帝國，從此，教會陷入大背道時期，基督「教會」被禁錮千年之久，直到馬丁路德改教，才起死回生。

2. 近代西國傳教士來中國傳福音，對中國貢獻之大，有口皆碑（尤其內地會的創始人戴德生）。然而為什麼「基督教」在中國人心目中，直到如今還蒙著一層抹不掉的陰影呢？一因當時福音與槍砲齊來，傳教士工作成果，大打折扣；二因多數西國傳教士養尊處優，高高在上，生活沒有見證。

3. 有一首眾所喜愛的聖詩，曲名In the Cross of Christ I Glory（十字寶架，我所矜誇）非常感人。後來我才知此曲作者John Bowring曾在香港總督任內大力向中國推銷鴉片！中國人對「福音」如何有好感？難怪許多真基督徒也被誣為洋奴了。

幾點感想如下：

甲・生於憂患，死於安樂，這是教會歷史的律。

乙・教會不可與世上政權掛鉤（不是不來往，乃是不認同）。主耶穌說，「我的國不屬這世界」。（約18:36下）教會與世界毫不相干！教會若與世界攜手，被吃掉的一定是教會（因這世界的王是魔鬼）。基督徒對政權應有的態度，就是作好公民，遵守政府的法規，尊重政權的領袖（，可12:15-17，Acts 4:19-20, 5:29, 41；13:50-52；彼前2:13, 17，羅13:7）。基督徒的立場是明確的：若政權不給我們敬拜主，傳福音，聚會的自由，我們不得已時寧願坐牢，為主受苦受死，也不聽從他們。（但我們不以惡報惡）。

丙・基督徒當為萬人禱告，包括君王和一切在位的（當時羅馬皇帝就是Nero！）——因神願萬人得救（I Tim 2:1-4）。

丁・「不是倚靠勢力，不是倚靠才能，乃是倚靠神的靈，方能成事」（亞4:6）。我們若效法這黑暗世界，為了目的不擇手段，無論作什麼都不榮耀神。

戊・教會講台或刊物，應避免政治色彩。我們對世界政權既不同，也不反，彼此沒有相干。（至於信徒個人的政治觀點與立場，那是個人的事）。

以上五點，贈給神教會的忠心僕人。[1]

1 康宜注：以上「丙」項乃為家父為「修訂本」所作的「補充」。

70. 生命活水

約4:13-14「耶穌回答說，凡喝這水的，還要再渴，人若喝我所賜的水，就永遠不渴。我所賜的水，要在他裡頭成為泉源，直湧到永生」。

誰能填補人內心深處的空虛寂寞？世上有什麼能叫人滿足踏實？

耶穌看世人是「困苦流離，如同羊沒有牧人」！高樓大廈擠滿了人，繁華鬧市，摩肩接踵，但一個一個的人呢？都是盲目地，被推著奔跑：徬徨、孤單、憂慮、懼怕……！「耶穌就憐憫他們」！

人有許多問題：人不能不犯罪，罪給人帶來痛苦與絕望，人不能不受苦，世上一切事全由不得我，生命是許多的無奈。最後，人不能不死！勞苦奮斗，患得患失，一旦（不知何時）死到臨頭，一切永遠隔絕，化為烏有（也不知死後往哪裡去）。試問，這樣的人生，你能說有意義嗎？

生命要有意義，人需要罪得赦免，有無虧的良心；人需要上頭來的能力勝過罪與苦難；人需要靈魂的歸宿。感謝神，救主耶穌來了，就是要叫我們生命有意義，有盼望，有能力（約10:10）。

人生問題，唯獨耶穌有答案。凡信祂的人，耶穌要賜他永生，耶穌能改變我們的生命與命運，使軟弱變為剛強，憂愁變為喜樂，罪人得自由，死人能復活，叫迷羊回歸牧人！

被造的人，必須找到生命之主，與永恆連結，才得滿足安息。凡信耶穌的，生命活水就從他裡面湧流不息，直到永生。

有耶穌勝於全世界！那撒瑪利亞婦人丟下水罐子，見證耶穌去了。

71. 單愛耶穌

詩73:25-26「除祢以外，在天上我有誰呢？除祢以外，在地上我也沒有所愛慕的；我的肉體和我的心腸衰殘，但神是我心裡的力量，又是我的福分，直到永遠」。

看！這位詩人，他何等愛神！

「愛」神，是聖經特有的一件事。世上聖人，教主，沒有說叫人愛他的。我們卻是「愛」我們的主，我們的神。我們愛神，是因神先愛了我們（約壹4:19）。「除祂以外」，天上地上哪有誰愛罪人以至為罪人捨命的！聖經有一副極美的畫面，就是詩篇23篇——引申言之，「耶穌愛罪人，罪人愛耶穌」[1]。彼得老年寫給門徒的信，說：「你們雖然沒有見過祂，卻是愛祂，如今雖不得看見，卻因信祂，就有說不出來滿有榮光的大喜樂」（彼前1:8-9）。

詩篇73篇這位作者的心，就是：「耶穌我至寶，我單愛耶穌！」除祂以外，我一無所愛；有了耶穌，我一無所缺！正如大衛所說，「祂的慈愛比生命更好！」（詩63:3）我們肉體和心腸要衰殘，但主耶穌是我們永遠的生命。

愛耶穌是要付代價的，「單愛」耶穌，就要為耶穌的緣故，有所「不愛」！保羅說：「我以認識

---

[1] 康宜注：家父原稿沒有「引申言之」這四個字，今加上。〈詩篇〉23篇是大衛王寫的，因為新約聖經曾經提到大衛王預言耶穌復活並升天之事，故家父在此也引申論及耶穌。（參見〈使徒行傳〉2:29-35）。

我主耶穌為至寶，我為祂已丟棄萬事，看作糞土，為要得著基督」。

我們若單愛耶穌，也要有許多該丟棄的。以前的成就，名聲，安逸要丟；以前的嗜好、習慣、朋友，屬世的生活方式要丟；甚至連我們的親情，必要時也要丟！主說「人若不愛我勝過愛自己的父母，妻子，……自己的生命，就不配作我的門徒」（路14:26）。主是否說，人信了耶穌，丈夫（妻子）就不能再愛妻子（丈夫），兒女不能再愛父母？不是！因聖經明訓，是夫妻要彼此相愛，兒女要孝敬父母（弗5:22-6:4，西3:18-21，彼前3:1, 7）。但有一天假若愛主與愛親人不能兩全時，我們選擇愛主。所以基督徒平素就當學習（操練）靠主「割捨」！我們若不能「割愛」，忽然有一天會過不去。我們若專愛耶穌，主就是我們的力量（安息），就是我們的福分（盼望）。

「我兒，要將你的心歸我！」（箴23:26）

72. 生命與光

詩36:9「在你那裡有生命的源頭，在你的光中，我們必得見光」。

人愈多讀新約聖經[1]，愈發現主耶穌是奇妙！神子人子耶穌，是人類歷史的紀元（B.C./A.D.）。祂是空前絕後的。[2]

讀聖經最大的目的，是認識耶穌（約17:3, 10:14）。但人無論如何虔誠追求認識主，也認識不盡！耶穌是神的奧秘，是無限的榮美，豐盛，高貴，是神最完全的自我啟示。仰之彌高！耶穌是至高，人所不能及的。

「在你那裡有生命的源頭」！生命從何而來，耶穌是生命的源頭！（約1:4, 14:6）。人的肉體生命，屬靈生命，都來自耶穌。「生命在祂裡頭，這生命就是人的光」。（約1:4）耶穌自己也說：「我就是世界的光，跟從我的人就不在黑暗裡走，必要得著生命的光」。世界是一片黑暗，聖人，宗教家，哲人，如同是蠟燭，耶穌如同太陽！耶穌不是指給我們看，哪裡是光，乃是叫我們看祂自己。

1 康宜注：雖然〈詩篇〉36:9是屬於舊約聖經，但〈詩篇〉是新約時代的啟示，故家父在此提到新約聖經。

2 康宜注：有關從舊約的律法時代進入新約恩典時代之過程，請參考家父於一九九四年一月間在馬利蘭州蓋城華人宣道會查經班上的講解。在此僅與讀者分享其中的片段，也要特別感謝周有恆先生所作的實況錄音。

祂就「是」光，是光的源頭，是光的本體。耶穌是生命，耶穌是光，耶穌是生命之光，是人活著所不能或缺的。人得著耶穌，人的靈（已經與神隔絕的）才能活過來；人有了耶穌的光，心眼才看得清楚（約9:39-41），否則，人就是瞎眼的，住在黑暗裡（太6:23）。

耶穌是萬有的源頭，是生命的源頭，光的源頭。耶穌也是一切「價值」的標準！什麼叫真，善，美，義，聖……？定義是什麼？定義就是耶穌！耶穌「是」真理、愛、聖、義、美、善。神一切的智慧，神本性一切的豐盛，都「有形有體地居住在基督裡」（西2:2, 9）。這世界剛好相反；撒旦控制的世界是虛謊，假冒，黑暗，仇恨，污穢，有罪，邪惡，死亡。連這世界的智慧也是使人偏於邪（賽47:10）。

世上聖人，宗教家，哲學家，各種倫理道德的教師，都摸到一些真理，但是，他們並不「是」真理，所以都不足以使人有自知之明。人看不見自己的真面目，需要神的光照。所以，詩36篇的作者大衛又說：「誰能知道自己的錯失呢」（詩19:12）「我的神必照明我的黑暗（詩17:28）」。

大哉，榮耀的主耶穌！你是我們的生命，我們的光。唯你配得我們的愛，我們的讚美，敬拜。

73. 父暗中察看

太6:3-4「……不要叫左手知道右手所行的，要叫你施捨的事行在暗中，你父在暗中察看，必然報答你」。

耶穌在世上作罪人的朋友，反倒責備好人（假冒為善的人），不留餘地。主所痛恨的罪，不是殺人，放火，姦淫，掠奪，而是詭詐，是假冒為善！（偽裝是撒旦的性情）。假冒為善就是表裡不一，（太23:25-28），以為神看不見他（耶16:17）。這類人的特徵就是，不悔改——於天國無份。

人進了社會，忽然間感到世路難行，人難作！為什麼？人心裡全是詭詐，偽裝，說謊，欺騙……（耶17:9）。假冒為善的人作壞事，都有冠冕堂皇的包裝，作好事都為了「叫人看見」，得人的稱讚。但神是鑒察人心腸肺腑的，在神面前，人無可隱藏。（林前4:5，來4:12-13，耶16:17）

有價值的事奉，是在暗中的事奉。暗中作，就是為主作（西3:22-24），就是「為所當為」。不管人配不配，不管人如何看我，怎樣待我，不管我付何代價，若為主作，一概沒有思慮煩擾，沒有重擔：喜樂平安。早年有一次我下鄉探訪一間痲瘋病院，想藉禱告和主的話，給那些可憐的病人一些安慰鼓勵。到了之後，看到幾位北歐籍的女教士，她們離鄉背井，遠到異國窮鄉僻壤，把她們青春年華奉獻給痲瘋病人，一生隱姓埋名，默默服事主，使我深受感動。本來是為鼓勵人去的，結果我自己反得鼓勵。

新約福音書中，主曾提及兩位女子，稱讚她們愛主之心：一個是伯大尼的馬利亞，另一個是在聖殿中獻兩個小錢的寡婦。二人共同點，是暗中服事，盡其所能，蒙主紀念。

我猜想，將來在天上，當眾聖徒站主台前受賞的時候，也許會看到這種現象——無名小卒得冠冕，四海揚名靠邊站。

賓路易師母，有句寶貴的話：

「願更倒空，更加卑微，
平凡無奇，沒沒無聞，
作主器皿，更加聖潔，
滿是基督自己。」

74. 凡事謝恩

帖前5:18「要凡事謝恩」。

要凡事謝恩！這個命令是給基督徒的，不是給世人的，因世人根本不認識神。唯獨基督徒才能凡事感謝神恩。唯獨基督徒才能為苦難而感謝神。我們遭遇患難，自然是迫切呼求神，但神是否聽我們的所求呢？不一定。禱告不蒙垂聽，我們仍然要感謝神！我們的神，不是偶像，不會「有求必應」的。不要以為我們信心大，禱告就蒙垂聽。我們信心會大過使徒保羅嗎？保羅能醫病，能趕鬼，能叫死了的人活過來，能行神蹟。但他坐牢，主沒有救他；身上「一根刺」，他三次求主，主也沒有醫他（只說，「我的恩典夠你用的」）。我們所求的，若不合主的旨意，祂不會聽我們（詩106:15），因祂知道什麼對你我是最好，什麼是你我的真需要！

所求的未蒙主答允，我們仍要感謝！因為我們既信神是掌管萬有的神，那麼，我任何遭遇（人，事，物），都是出乎神，是神所作的，不是偶然的（詩39:9, 31:15）。雖然我們目前不明白（Jn 13:17），但主都是有目的的（詩119:67, 71）。所以，我們當以敬畏的心尊重神的主權！前幾年香港有一位、既有恩賜又極愛主的年青牧師，神學院教師萬崇仁，三十八歲，肝癌不治，彌留之際，對親人說，「要尊重神的主權，不要問why，要說why not！」。我們遭遇苦難，當向神謙卑，（如同約伯說，「你的旨意，不能攔阻……這些事太奇妙，是我所不能明白的」，伯42:1-3，cf詩62:1）。

我們既信神是愛，神是憐憫人的神（詩103:8, 116:5，太9:36），我們就當順服神的旨意，倚靠祂，等候祂，仰望祂的憐憫（耶利米哀歌3:22-24，詩123:2，林後12:9，猶21）。面臨黑暗的環境，不幸的遭遇，基督徒若發怨言，就被苦難壓垮，若感謝神（雖然常常飲淚感謝），就得勝苦難。

處身患難之中，我們的心最易漏掉許多「恩典」！有人一夕之間財物全失，可是家人大小還有健康，不該感謝嗎？然而，人被苦難沖激，許多恩典常漏掉了。有一位基督徒甲，患風濕關節痛，終年臥床，痛苦難言。一日，有一位基督徒乙，來探訪甲，此人坐輪椅而來，從頭以下全部癱瘓，於是甲心裡感謝神了，「主沒將更壞的加給我！」我自己感謝主，祂叫我一生比常人多受苦難。其中有幾件特別痛心的事，但回頭來看，還是有神的憐憫和恩典。

詩103:10「祂沒有按我的罪待我！」其實我們能有耶穌，罪蒙赦免，又得永生，這不是最大的福分嗎？我們要為此而感謝神，就能勝過一切至暫至輕、轉眼過去的苦難了（林後4:17-18）。

不用說，風和日麗的時候，基督徒更當感恩了！不要以為，工作順利，是因我的聰明，不要以為身體健康，是因我養生有術，吃維他命，打太極拳。主若叫你一個小指頭不能動，你就受不了！（耶9:23-24）。基督徒也吃維他命，打太極拳，但一切是為榮耀神（林前10:31），不誇自己的本事。向神不高傲，與人不相比，這是喜樂的秘訣。

75. 面具

約壹1:9「我們若認自己的罪，神是信實的，是公義的，必要赦免我們的罪，洗淨我們一切的不義」。

早年中國人演戲，演員都畫臉譜，小孩子遊戲也常戴面具！

人心裡也有一個面具！是人自己不知道的——外表是一個樣子，裡面又是一個樣子。主耶穌對當時猶太人宗教界受人尊敬的法利賽人（熱心敬神，嚴守律法的）〔嚴厲批評〕[1]，主指責他們「假冒為善」！「假冒為善」這個字[2]，希臘文的原意是戴面具演戲。俗語說，「知人知面不知心」，在人面前是一套，背地裡又是一套。但這兩副面孔，神都看得清清楚楚！（來4:12-13，約2:25，耶16:17, 17:9-10）所以，新約時代的敬拜，完全是人裡面的事。（羅2:28-29, 7:6，太23:25-28）主說，「那真正拜父的，要用心靈和誠實拜祂」。心靈是人的裡面，誠實就是人向神透明，按真理敬拜。主耶穌來，要把人的假面具摘下來！叫人看見自己真面目而悔改（結18:23）（路15:7）。

有人曾問我，「你與耶穌的關係對不對？」

我起初不太懂，後來讀太7:21-23方知，若與主關係不對，是很嚴重的事！關係不對，就是基督徒

1 康宜注：父親的原稿及更正稿均無「嚴厲批評」四個字。今加上。

2 康宜注：在希臘原文聖經裡，「假冒為善」是一個字，故曰：「假冒為善這個字」。

沒有基督的生命（太7:17），就是不順服神（太7:22）！，這樣的人，有一天，主要向他說，「我從來不認識你，你這個作惡的人，離開我去吧！」

怎樣算是對的關係呢？「有耶穌的生命」（聖靈在我裡面掌權）（約15:4），就是關係對了。有生命的表現在哪裡？第一，聖靈在我裡面，隨時光照（探照），我接受光照，就見己罪，看見我裡面掩藏的一切污穢、惡念，都是得罪神的，於是向神認罪，承認我是個罪人，我不能不犯罪，我沒有能力「為所當為」，我不能遵行父旨意！（太7:21，羅7:18-19），我需要主的寶血赦免洗淨，我樂意悔改回轉，離開惡行。有神生命的第二個表現，是聽見聖靈引導的聲音，就立刻順服，有「遵行主旨意」的心志（詩119:59-60）。

主稱罪人（悔改的罪人）為「義」（路18:13-14），卻說「自以為義」的人不能進天國（太21:31-32）！基督徒在神面前當有一個禱告，就是：「神啊，開恩可憐我這個罪人！」（路18:13）。我們讀福音書，心裡痛恨法利賽人，但我們在主面前，誰絕對不是法利賽人！

我們當效法大衛，讓主摘掉我的面具，赤露敞開地求神鑒察我的裡面（心思，動機，意念，詩19:12-14, 36:9, 139:23-24以及約8:12，約壹1:5-2:2）！基督徒在神面前當有的另一個禱告，就是：「我的神啊，我樂意照你的旨意行！」（詩40:8）

我們向神認罪，必蒙赦免，我們有所作不到的，主必幫助，（代下16:9，帖後1:11，來13:20-21，帖後3:3，猶大書24）。我們的裡面若是尊主為主，以神為神，我的心在神前，站在罪人的地位上，主必悅納（詩51:6, 51:17）。否則我們帶著罪事奉，帶著罪作工，在神眼中都看為可憎（太7:22-23）。

「主的眼目遍察全地，要顯大能幫助向祂心存誠實的人」（代下16:9）。

76.不憑眼見

林後5:7「我們活著是憑信心，不是憑眼見」。

基督徒要領悟屬靈的事，就需靠神的靈（聖靈）幫助（林前2:11, 14, 15）。因此，保羅為以弗所教會的信徒，求神「將那賜人智慧啟示的靈」賞給他們，使他們「真知道祂」（弗1:17真知道＝深切地認識，cf西1:6西1:9，約17:3）。

人怎麼認識神？就是憑信！自然界的存在，眼所能見的，尚且微乎其微，何況屬靈的事。就如空中有無限的聲波，光波，但我若想收看某一個節目，必須有電視機（還要調準頻道），否則我就是又聾又瞎。記得幾年前，有3-D圖相問世，初次看到，令我驚奇萬狀，不敢相信。只見一張紙上滿是彩色小點，無形無狀。但裡面的奇觀，需用一種特別的「看」法，才能看到。要雙眼咪縫，眼光focus在一起，再將臉貼近圖相。我如法窺看，果然，裡面有奇景浮現眼前，頓時有一種驚異肅穆之感掠過心頭。使我聯想到屬靈的事。

要看見屬靈的事，必需用一種特別的「看」法去看——就是「信」！（屬靈的事不憑理性，更不通過感官。）

信乃是透過聖靈看，是閉著眼看，心跪著看。來11:1「信就是對所望之事有把握，對未見之事有確據」。信就看見眼所不見的奧秘！（信是靈眼看見）[1]。

信耶穌是憑信，基督徒一生道路也都是憑信。若憑眼見，人生沒有意義，若信耶穌，萬事都有目的。若憑眼見，人不值得活，若信耶穌，人就活得有盼望，有價值。

我們基督徒在屬靈的經歷裡，的確偶而也有許多奇妙的事，但這完全是靈裡的看見，不是用人工的辦法，乃是神所賜的，使我們得著聖靈賜的啟示，光照，和主同在的喜樂安息。我個人也有時候，忽然瞥見一線真理之光，或蒙聖靈領我進入一種彷彿無罪的境界，煞那間我與主如此相近，靠近那大光以致看不見世界，看不見自己了。我猜想，屬靈的偉人，或許就是經常在敬畏、謙卑、認罪、順服的心境中，得著「真認識祂」的經歷的吧。

彼得晚年給門徒寫信，說：「你們雖然沒有見過祂（耶穌），卻是愛祂，如今雖不得看見，卻因信祂，就有說不出來，滿有榮光的大喜樂」！說不出來，是的。信耶穌的真實經歷就是心裡知道，卻說不出來！信心就是奇妙，耶穌就是奇妙，聖靈就是奇妙！所以，我現在寫了半天，還是說不出個所以然來！只覺——

我在主裡面，
主在我裡面，
問我何所見，
欲辨己忘言。

1 康宜注：家父的修訂稿，在此又加了一個註：「主自己說『有福的』，集中在Mt, Lk登山寶訓中。約翰福音中，主自己說了兩次有福，Jn 13:17, Jn 20:28-29（cf.大衛 Ps 32:1, 34:8, etc.）」。

補充：

〈9-24-00感記〉

門徒三年跟主，只見有限的耶穌，直到主死，主復活，賜下聖靈，才看見無限的耶穌。

今日在肉身中，我讀經只能見有限的耶穌，

必需藉禱告，靠聖靈，才能偶有「透過有限進入無限」的經歷。

無限偉大的主耶穌，

無比榮耀的十字架，

心想不盡，口說不盡，

感謝不盡，讚美不盡。

77. 喜樂平安

約14:27「我留下平安給你們，我將我的平安賜給你們。我所賜的，不像世人所賜的；你們心裡不要憂愁，也不要膽怯」。

約15:11「這些事我已經對你們說了，是要叫我的喜樂存在你們心裡，並叫你們的喜樂可以滿足」。[1]

一

這世界是苦難的世界（約16:33）。神子耶穌降世，就是要為受苦的人帶來平安喜樂。主出生時天使報佳音，就出現平安喜樂兩個字[2]（路2:10, 14）。新約聖經所說的平安、喜樂，不是世上所謂的平安，不是萬事如意的快樂，也不是在人面前裝出來的喜樂，而是人裡面的得勝能力。

主耶穌說：「我留下平安給你們，我將我的平安賜給你們……這些事我已經對你們說了，是要叫我的喜樂存在你們心裡，並叫你們的喜樂可以滿足……」（約14:27, 15:11）。主這些話是在什麼時候說的呢？是在週四深夜，主被處死前十來個小時，門徒憂愁害怕的時候。人在這時候，哪裡來的喜樂

1 康宜注：家父的原稿並沒直接引用這兩節經句，只標出章節的號碼——「約14:27, 15:11」。今補上這兩節經文。

2 康宜注：在希臘原本聖經裡，「平安喜樂」一詞是兩個字。故云：「……出現平安喜樂兩個字」。

平安，何況還能留給門徒，叫他們得安慰，得力量？奇妙，祂的死，是凱旋榮歸！

讀福音書時，可以看出主一切言行，舉止，態度，都證明祂裡面充滿了喜樂平安，祂心裡沒有絲毫的衝突，祂與父關係完全和諧無間。主是那麼愛父，父的同在對耶穌是那麼真實，（約8:29, 14:31），任何遭遇都不能影響祂裡面的寧靜。且舉幾件事為例：

風浪大作，主在小船上安然睡覺（可4:35-41），祂沒有憂懼。／家鄉人要把祂推下山崖去，祂從容不迫，「直行過去」（路4:29-30）。／人擁戴祂，祂不會沖昏了頭腦（約5:41, 6:15, 12:23），所以，人羞辱欺侮祂，祂也不在乎，祂不期待人好待祂（可14:61, 15:5，賽50:5-7）。／祂不受人的影響，祂心裡只有父，只有遵行父旨意（約6:38, 4:34），至於人怎麼看祂，怎麼評價，祂一概不理會。／該責備的時候，祂就直言無隱，直指其罪，不怕得罪人（太23，法利賽人七禍；太21:31-32，太12:34；可3:5「怒目」；約8:44, 8:24, 9:41）。／敵人毀謗，謀殺祂，祂都知道，卻若無其事，還是溫柔勸戒，諄諄教導，祂裡面沒有怨，沒有恨，也沒有氣，只有愛。／祂甘心樂意選擇十字架（約10:17-18）。所以，一路面向耶路撒冷去，坦然無懼。一路上照常傳道，醫病，趕鬼，祂沒有自己。／敵人來捉祂，祂泰然自若，祂那出奇的鎮定，使敵人嚇倒在地（祂身上有神的能力，能控制一切）。／到了各各他，有人拿「沒藥調和的酒」（麻醉劑）給祂，祂不受，（可15:23），祂不受人的同情，憐憫，祂要為世人嚐盡苦味。／被釘在十字架上，祂與其他犯人斷然不同，祂口不咒罵，心無怨氣，只有神的愛。在十字架上極其痛楚之中，主說的第一句話，竟是為敵人辯護求赦。／到將斷氣了，人看祂好可憐，撒旦看祂全然失敗了，但主說了一個字：「成了」！祂的死，是「榮耀神」的死。所以，難怪在各各他第一個認耶穌是神的，是釘祂的那個劊子手（百夫長）（可15:39）。

二

主耶穌，在十字架上還能有這樣的喜樂平安，我們不禁要問，主這個喜樂平安的原動力何在？答案就是「我愛父」（約14:31）。從主的身上我們可以看見，主「愛父」的愛，是專一的愛，除父以外，沒有別的（詩73:25），這個愛是完全無己的愛，是可以為父而死的愛。（腓2:8）。主甘心樂意，遵行父旨意到底（約14:31, 8:29, 6:38）。然而，主在肉身之中與你我是完全一樣的，會飢渴、會疲乏、會流淚、會疼痛。主愛父的「愛」是祂意志上的抉擇，但肉身的耶穌，內心並非沒有掙扎。

當祂最後一次進耶路撒冷時，人群擁擠，高呼和散那，但主知道祂死的時候到了（約12:23）。那時，祂心裡憂愁，說，「我說什麼是好呢？說：父啊，救我脫離這時候（嗎？）但（NIV譯本作No）[1]我原是為這時候來的……」，主內心有極大的爭戰！過幾天之後，主受死前夜，帶門徒到客西馬尼園作最後一次的禱告（客西馬尼，意思是油酢），那時主「憂愁起來，極其難過」（太26:37-39）；「就驚恐起來，極其難過」（可14:33-34，唯獨馬可用「驚恐」這個字[2]，意思是忽然碰到意外的危險，被嚇住了）；「耶穌極其傷痛，汗珠如大血點滴在地上」（路23:43-44）；「基督在肉身的時候，大聲哀哭，流淚禱告」（來5:7）——肉身的耶穌，雖早已知道祂必須被釘十字架，但是，十字架一旦臨到眼前，內心還是有極大的掙扎。叫己降服神，是要經過極大的掙扎的！直到有敢死榮神的決心（接受十字架）。

祂雖然心中爭戰激烈，祂在客西馬尼的禱告還是得勝了（太26:39）。在禱告中祂把自己再次澈底地交在父神手裡——祂完全得勝了。主在掙扎中得勝的關鍵，仍是祂專一愛父，把自己全然獻上，

1 康宜注：NIV（New International Version）譯本作："No, it was for this very reason I came to this hour"（John 12:27）.
2 康宜注：在原本希臘文聖經裡，「驚恐」是一個字，故曰「驚恐這個字」。

絕對順服的心志。這個心志使主耶穌貫徹始終，識破並擊潰了魔鬼撒旦的一切試探攻擊。

三

喜樂平安是得勝所顯出的能力。主耶穌要我們作門徒的，支取祂的喜樂平安。

主在加利利傳福音，因「那些城的人終不悔改」，祂說了一些責備的話之後，就呼召願意的人來信祂得安息，並且說，「我心裡柔和謙卑，你們當負我的軛，學我的樣式，這樣你們心裡就必得享安息」。（太11:28:30）。主的軛就是祂因專一愛父，而樂意否決「自己的意思」，完全順服父。負主軛，就是我們認同「主的心志」，主的十字架。

學主樣，就是主怎麼樣，我們怎麼樣。柔和謙卑就是主的樣式。謙卑是向神的，在神面前只有神，沒有己，沒有「己意」，沒有「我要……我不要……我愛……我不愛」。謙卑就是神給我什麼我都要，神喜歡什麼我都喜歡。柔和，就是柔順，能受神改變，聽神的指揮調度，沒有「人要聽我的」，「神要聽我的」這類心態。我們信了耶穌，已有聖靈內住，已有主的平安喜樂，但有是一回事，享是一回事，我們若要經歷苦難中的喜樂平安，就必須負主軛，學主樣，就必須經過十字架（與主同釘）。

我們之所以還常常享受不到主的喜樂平安，是因我們裡面還有不肯棄絕的東西（就如，許多的我要，我不要，我愛，我不愛……），因此我們凡事不如意，成天一肚子氣。反之，我們若尊神為神，與神的心意一致，心中就沒有怨尤，沒有氣也沒有憂懼，就享喜樂平安（詩131:1-2）。

以色列的君王大衛，實在愛神。到了老年，他兒子押沙龍密謀陷害他，起來要篡他的位。大衛逃難，「大衛蒙頭赤腳上橄欖山，一面上，一面哭……！」令人不忍卒讀（撒下15:30）。然而，他專一愛神，所以還是向神說，「但你是我四圍的盾牌，是我的榮耀，又是叫我抬起頭來的」（詩

3:3）。他看一切遭遇是神給他的，他愛神，所以心裡還是倚靠神有平安（撒上30:1-6）。

我的經歷是：神對祂所愛的兒女，僕人，是絲毫不放鬆的；神要煉淨再煉淨，打擊又打擊，迫使我們有一天樂意全然除掉一切「己」——己之所是，己意己路，己權己利，己的理由，包括生命在內。

有一天神要問我：「我現在要按排一個人，專與你作對，無故欺負你，侮辱你，傷害你，你還愛我嗎？」有一天神要向我說，「現在我要把你心所最愛的拿去，你還愛我不愛？」這時，我若含淚向主說：「主啊，我要你！有主就全有了。別的我不要了」。我心必得釋放，有得勝能力，享喜樂安息！

親愛的弟兄姊妹們，要讓主勝利，你失敗，你就得勝；你丟面子，讓主有面子，你就有面子。如果我們不「專一」愛主，如果心裡還有「己」與神相爭，總有一天過不去的。

耶穌救我們是要叫我們享受耶穌——耶穌的同在，耶穌的平安喜樂。

「（你們）要時時喜樂」！

補充：

91年日記：（91年9月9日）
平安喜樂　有何門路？
一曰信靠　二曰順服！
時時認罪，讚美耶穌！
凡事謝恩！必定蒙福。

04年元月　讚美口訣16個字
（調用Higher Ground）

78. 失之交臂

可10:17-22「跑來……憂憂愁愁地走了」。

這六節聖經，是記一位少年，既有地位，又是財主，世上東西應有盡有，從小又謹守律法，他竟然關心「永生」的問題！難怪主看見他「就愛他」。但主怎麼回答他的問題？主說：「你還缺少一件，去變賣你所有的……你還要來跟從我！」主這話一出口，少年大失所望「憂憂愁愁」地走了！乘興而來，敗興而歸！因為，他的產業很多！

這位少年滿有追求真理的心，但主的話似乎給他澆了一盆冷水。主固然是愛他，但主並不勉強他，也不遷就他，乃要他自己作決定。今天我們基督徒，特別是有追求的，主一樣給我們一個很厲害的要求。在我們生命歷程中，主一再反復這句話，「變賣，來，跟從」！每次這句話一來，我們憂愁了，跟主跟不下去了！我們雖不是財主，但我們心裡還有許許多多放不下的。我們的心不斷地受試驗。生活中遇有難處，我們求主解決，那知我們的禱告竟石沉大海！有時主答應了我們的禱告，但主按排的不是照我們所想的，我們不能跟主了！我們像哭鬧的小嬰兒，拼命要我們所要的。這時，我們彷彿是走在一根獨木橋上，下面就是急流。你從東頭上來，還差幾步就到西頭了，誰料主已經從西頭走過來了。照你看，主剛來，祂應退回去，但祂不！於是你過不去了！若不讓主先過去，你永遠過不去。直到有一天，你跪在主面前，說，「主啊，你給我什麼我都要！我不能讓你傷心，主！讓我傷心吧。」你破釜沉舟，你就得勝了；憂愁盡消散，心中享平安！

79. 為基督的緣故

腓3:7-8「只是先前與我有益的，我現在因基督都當作有損……我為祂已丟棄萬事……」

世上道德倫理的理想標準，沒有高過基督「登山寶訓」的。馬太福音5-7章，是主耶穌講到祂的門徒（屬天國的人）應該活出的樣式。基督徒中，常有人說，什麼「不要與惡人作對」啦，「愛你的仇敵」啦，等等，簡直作不到！我有同感。人無論如何努力也絕對作不到的（因人性中的東西根本與此相反）。然而，基督的門徒卻有神的生命，聖靈住在裡面，所以我們應該作到。（腓4:13）

保羅在腓3:7-8這兩節裡用了兩個字；一個是「因」，一個是「為」，這二字原文是同一個字，意思是「為……的緣故」。保羅遇見了釘十字架又從死復活的拿撒勒人耶穌，從此就把他一切所有，一切值得誇耀的東西，統統丟棄了。保羅何以能如此呢？就是「為基督的緣故」！

保羅為基督的緣故，能以丟棄萬事，看作糞土，其動力究竟從何而來呢？加拉太書2:20節說「……祂（基督）是愛我，為我捨己」！動力就在這裡！保羅在大馬色路上看見了他所逼迫的耶穌，被本國猶太人釘死在十字架上，流血捨命的耶穌，原來都是「為我（保羅）的緣故！」所以，從此以後，他就把生命全獻上給耶穌：為耶穌的緣故，終生忍受苦難。他說，「我為基督的緣故，作了傻瓜，……又饑又渴，衣不蔽體，沒有枕頭之處，勞苦，作工，挨打，被人咒罵就祝福，被逼迫就忍受，被毀謗就善勸……」（林前4:10-13）。又說，「我為基督的緣故，就以軟弱，凌辱，艱難，逼迫，困苦，為可喜樂的」（林後12:9-10）。

主耶穌在與門徒分離那夜的禱告中，說「我為他們（門徒）的緣故，自己分別為聖，叫他們也因真理成聖」。主自己分別為聖，就是，遵父旨意降世為人，放棄了祂為「神」的榮耀，權能，而且連作「人」的權利也都放棄了，以致甘心接受十字架慘絕人寰，奇恥大辱的死刑。主這樣分別為聖，其目的何在？就是叫他們（門徒）也「為主的緣故」分別為聖！也甘心把他們自己的權利、意志、自由、尊嚴、理由……一概丟棄，為主受苦！彼得老年殉道之前，寫〈彼得前書〉，說：「因為基督也為你們（的緣故），受過苦，給你們留下榜樣，叫你們（也為主的緣故）跟隨祂的腳蹤行。祂並沒有犯罪，口裡也沒有詭詐。祂被罵不還口，受害不說威嚇的話，只將自己交託那按公義審判人的主……」（彼前2:21-24／cf，賽53:7，「祂像羊羔被牽到宰殺之地，又像羊在剪毛的人手下無聲，祂也是這樣不開口……」）。

所以，當我們受人無理欺負，被人傷害，羞辱的時候；當我們肉體忍無可忍的時候，就仰望「主的」十字架，說「主！你這是為我的緣故」！我們就也能不問理由，（賽50:5-7），忍氣吞聲，淚向主流——起來，善待他！被人激怒，我們不生氣，「為耶穌的緣故」！心生罪念，我們不犯罪，「為耶穌的緣故！」

當我們被不幸，挫折，痛苦所圍困（人，事，物），四顧無援，傷心絕望的時候，我們能有「喜樂」！不怨天尤人，不自怨自憐，只是敬拜主旨意，讚美主道路！為什麼？「為耶穌的緣故！」

我們平素行事為人，一切為愛神愛人而作，不為討人歡心，不為得人稱讚，也不圖人回報，只有在主面前默默耕耘，沒有假冒——為什麼？「為耶穌的緣故！」

主耶穌被釘十字架上，將斷氣時，大聲喊著說，「我的神，我的神，為什麼離棄我？」為什麼？「為我的緣故」！我們仰看十字架，看見什麼？就是看見：「為我的緣故」！我若為主的緣故活，就要走十字架道路！

我們為主的緣故，行祂所喜悅的事，（約8:29），基督的馨香之氣就從我們這軟弱的人身上散發出來，讓主耶穌得榮耀。

80.「何等信實的主」（陳玉真見證）

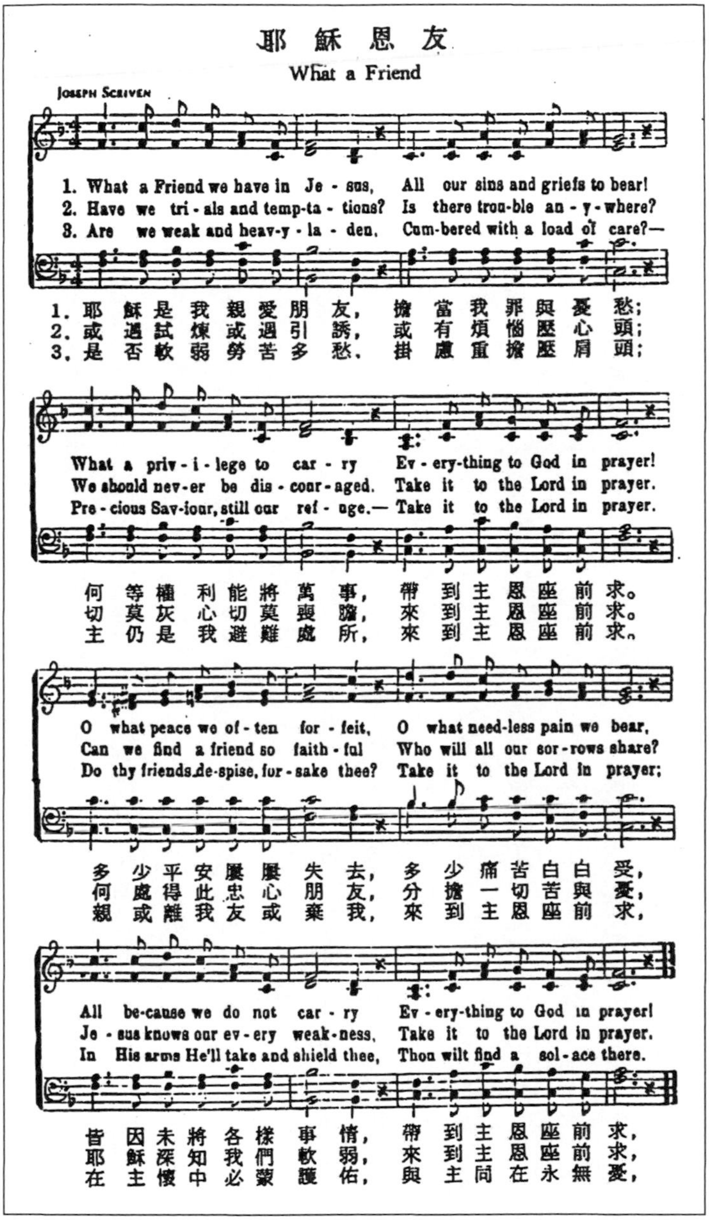

〈耶穌恩友〉是陳玉真生平最喜歡的一首聖詩

主內各位姊妹，我今天能到姐妹會中來做見證，就是靠神的大恩。去年九月二十六日上午，純誠打電話來，邀我轉年[1]二月在姐妹會做一次信主的見證。當時滿心歡喜，一口便答應了下來。吃過中飯，我便坐在家庭間看「聖地風光」的錄影帶，那天身體精神都很好，但忽然間心裏覺得不對，正想向洗手間走去，中途只覺腿腳發軟，像似踩不到底，接著就坐到地上，背靠著牆，失去知覺了。當時我先生正在旁邊，他一面在倉促中打「九一一」，一面大聲呼求耶穌的名字，他一連不停地喊，我人就慢慢甦醒了過來，「耶穌、耶穌……」我也聽見了。說著救護車已到，送到醫院急診處，醫生叫我住了兩天，做了各種檢查，卻查不出毛病，第三天早上就出院了。今天我能與大家見面，心中充滿感恩。各位，我們何時熱心愛主，撒旦就不甘心。然而，我們主耶穌是得勝的主，我們屬祂的人也靠祂得勝有餘，哈利路亞。講到我的一生，各位便知，我現在活著就見證了主的救恩。

我幼年生長在拜偶像之家，母親迷信各種偶像禁忌，家裏有八個兄弟姊妹，誰若不慎打破一個碗，總要挨母親一頓狠罵，所以兒時的回憶，只是每天活在戰戰兢兢中。那時我有個同學姓蔡，是好友又是近鄰，她家是信耶穌的，我幼小的心靈裏就非常羨慕祂家那喜樂平安的氣氛。

在我三十歲的時候，身患重症，腸炎又加大腸痙攣，時常腸痛如絞，痛得死去活來，而且不但食物全然不能吸收，還有便血，夾雜著腸壁黏膜液。輾轉各地求治，醫生均感束手，走投無路之時，便去拜偶像，結果病未見好反更沉重。醫院照出的腸子底片，腸子都是一段一段糾結捲曲的，醫生便對我說，「你想吃什麼，就吃些什麼吧……」，意思是可以準備後事了。那時，我已有三個孩子，最小的四歲，接著是六歲、八歲的，家境又逢十分困難，不得已只得到我姊姊家裏去住，受他們照顧了。我央求姊姊答應我死後為我照顧三個孩子，姊姊不禁失聲而泣，但她堅持不肯答應我死後照顧我的孩

1 康宜注：「轉年」即「過轉年」或「隔轉年」（用閩南語發音），是「明年」的意思。有關「轉年」這個注，我要特別感謝我的表妹黃麗秋和表弟黃宗孝的幫忙。

子，她是怕我放棄求生的希望。姊夫姊姊全家是信耶穌的，他們時常向我傳福音勸我信耶穌，我卻非常反感，唯獨喜歡他們教我唱詩。特別是「耶穌恩友」這首詩，使我心深受感動，不但如此，這首聖詩又使我想起幼年在好友蔡家常聽他們唱過，所以每唱此歌，心中便被平安充滿。

那一段時候，使我最感痛苦的還不是腸痛，而是晚上都不能入睡，夜夜所倚賴的鎮定劑，劑量一天天增加，由Valium 2mg增加到10mg，還是整夜不能合眼，醫生說再繼續增加劑量人會致死，所以不准我再加藥。如此長期失眠，使身心都臨崩潰邊緣！有一天晚上，我心裏偷偷地向姊夫姊姊所信的耶穌說：「耶穌啊！你若是真神，就叫我能睡，我就信你。」說來奇妙，那晚到了下半夜，我不知不覺睡著了，而且一覺睡到第二天天亮竟還沒醒！我姊姊早起後，看見我的樣子大吃一驚，以為我已死了，她用手摸我，見仍有氣，心裏大喜，又甚驚奇。那天我醒了以後，把我如何暗自向耶穌祈求的經過，都一五一十地告訴了她。姊姊急忙說：「你的話算不算數？耶穌叫你睡著了，你信不信祂？」我平素待人，第一講「守信」，現在對耶穌，我也是言出必行。如此，我立即決心接受耶穌做我的救主。

信主後心中有了盼望，身體漸有起色，也能到教會敬拜主了，所以不久便回自己家裏來了。主日崇拜時聽牧師講聖經雖有許多不懂聽不進去的，但是凡聽得進去的，即使一句話，我緊緊抓住就享用不盡。孩子們漸漸大了，我就把他們都帶到教會去，把他們的一生都交託給耶穌。信主之後，在教會裏得到牧師、師母、弟兄姊妹的愛心關懷幫助，使我深受感動。然而過了不久，病情忽又轉劇，教會中一位女長老姓石，待我十分有愛心，那時她向我說：「你原來是拜偶像的，現在信了耶穌，要知道撒旦還會攻擊你的，但是只要信、不要怕、不要退步，我們主耶穌是得勝的主，主必保守拯救你。」話雖如此，我心裏卻明白，醫生都不管了，我知道是活不久了，於是就想到將來死後靈魂去處的事。各位姊妹，我信耶穌不是為了求活而信的，而是為了死才信的。我信了耶穌，確知死了立刻到天上與耶穌同在，就滿有平安大有盼望。

當我心中這樣思想死後之事的時候，忽然想起來幼年時候曾看過我的大姨交鬼過陰的經歷來。有幾件事我不能忘記：第一，我大姨住在外地，並不認識我們鄰近的人，然而鄰居們要招出來的死人，男女老幼都藉我大姨的口說話，聲音都是各人本來的聲音，事情也都是各人家中的事，好生奇怪。第二，鬼魂自述其在陰間受苦慘狀，令人毛骨悚然。第三，記得某日，我得知大姨又要來行交鬼之事，我就約了那姓蔡的同學（那時我二人大約九歲），一起去看熱鬧。真奇怪，當我二人一進了門，裏面進行的活動忽然都停下來了，死人也都不上來了，一切都不靈了！那時我媽媽也在場，就問大家：「看看這裏有沒有「吃教的」。（註：「吃教的」，台語，謂「信耶穌的」。）當時就有人指出我的同學來，說她家是「吃教的」，就把她攆了出去，她一出去，果然一切又照常了。——這件事，在我幼小心靈中印象特別深刻，我想：「一個信耶穌的孩子在場，居然鬼就都不敢動了！」事隔數十年，這時我已信了耶穌，想起此事更是信心百倍，深深經歷信耶穌就不怕鬼，因此對死就毫無畏懼。

然而那時因病情日重，我怕很快就會死了，於是就去催牧師趕緊為我施洗。牧師很覺希奇，因很多信了耶穌的人推三拖四不肯受洗，從來未見有人催牧師要受洗的。那時離教會施洗的定期尚遠，但牧師卻破格單獨為我一人施洗，那時我三十二歲。各位，你們可以明白了，我是為了死才信耶穌的，不是為得醫治！

受洗之後，撒旦並不放過，病得愈加厲害，活命的指望都絕了，但我心已預備好見主。那時有鄰居拜偶像的人來勸我還是去廟裏拜撒旦試試看，我嚴詞拒絕，寧死我也要跟耶穌到底。記得有一次我夢見亡母來找我，她樣子很高大，要逼我在偶像面前下跪，起先我還不敢動，既是母親，就由她打，後來看出她一雙大腳不是母親的小腳，恍然大悟是魔鬼假扮的，我就不顧一切反抗逃跑了——。感謝主，我雖在夢中，依然堅決抵擋那惡者。自此以後，身體情況反漸穩住，後來能走路上教會了，不但主日，晚上禱告會我也必參加。我自從信了耶穌，心中堅定，數十年如一日，證明石長老的話：「耶穌是得勝的主！」

我信主後還有許多經歷，容日再談。有一件事要提的，就是我先生他生性固執，祖傳的脾氣，又看不起信耶穌的，他百般抗拒福音，但是主恩奇妙，當我重病之時，他說要替我去做禮拜！沒想到從此開始，終於在我信主八年之後，他也蒙恩歸主了——到此，我家各個都歸於耶穌。我今年已六十九歲，感謝主，祂叫我多活了四十年，人怎料到我今天還活著為我主耶穌做見證！願一切榮耀都歸主名。

（一九九一年二月，孫陳玉真講，薛趙純誠記。）

後記

這本小冊是為了玉真離世歸家週年紀念而匆匆寫成的，其內容是多年來她與我共同領受的一鱗半爪。拉拉雜雜，權充紀念。

我感謝神，使她與我同行世路五十四年。她一生為我受窮受苦，從無怨言。在大患難逼迫中，活命無望的時候，她含辛茹苦，隻手獨撐全家，以血以淚，撫育兒女長大。她有不尋常的毅力和理想，能以突破萬難，百折不回。她兼有古代中國婦女的節操，為了愛而把生命獻上。在她堅毅的個性裏，蘊藏著一顆極軟的心，自己受苦，節衣縮食，總不能不看顧濟助窮困的人。人待她有恩，無論巨細，終生不忘。「寧人負我，我不負人」。人欺侮她，傷害她，我為她抱不平，倒是她總比我更快能饒恕。

她三十三歲，重病纏身，群醫束手之際，蒙主耶穌拯救，從此斷然離棄偶像，歸向真神。近三十年來，她一直與我同工服事主耶穌，許多學生因師母的見證和愛心而決志信主。

她是個平凡的人，卻影響了周遭人的生命（包括我自己）。她是人，自然也有「人」的罪性、軟弱、和缺點，但她的心是向主忠貞、對人忠誠、至死不渝。

我從她身上看見，她所信的耶穌是又真又活的神，使她有能力愛神愛人，甘心走十字架道路。

那美好的仗，她已經打過了！在地上她為主作了一名「無名」的見證人。如今她帶著傷痕，與榮耀的主耶穌面對面同在了。

她去了。

我彷彿聽見天上有聲音說：「好！你這又良善又忠心的使女……」

詩篇116:15「在主眼中看聖民之死，極為寶貴」（cf. Rev 14:13/ Ps 72:14）。

願榮耀，頌讚，感謝都歸給永在永愛的天父，和為罪人捨己的主救主耶穌基督，直到永遠。阿們，阿們。

一九九八年九月十日

孫保羅誌

補充：

去世前一週左右，她囑我要立刻寫卡片「預祝」二姐（恩人）翌年八十壽慶。此後幾天，一再自言自語地說：「我在飛……飛，飛，好舒服啊」，「我看見了神的榮耀……」。眼睛一直閉著，卻依然帶著她那特有的微笑。最後那幾個月，我不忍看她那樣痛楚了，然而她從不愁眉苦臉。在家，在醫院，對人人都是感激、體貼。

九月十日星期三，昏睡了將近兩天，下午五點剛過，她的靈魂就被主接回天上去了。一切都安然靜謐。醫院護士們為她傷心，說罕見這麼慈祥的病人。家中收到的第一張慰唁卡，竟是洗腎中心以前護士們聯名寄來的……。

靠近神懷中
Near To The Heart of God
C. B. McA.
1. There is a place of qui - et rest, Near to the heart of God,
2. There is a place of com - fort sweet, Near to the heart of God,
3. There is a place of full re - lease, Near to the heart of God,
1. 有一安息恬靜之處，靠近眞神懷中，
2. 有一安慰溫暖之處，靠近眞神懷中，
3. 有一完全釋放之處，靠近眞神懷中，
A place where sin can - not mo - lest, Near to the heart of God.
A place where we our Sav - iour meet, Near to the heart of God.
A place where all is joy and peace, Near to the heart of God.
罪惡不能侵擾之處，靠近眞神懷中。
我們與主相會之處，靠近眞神懷中。
平安喜樂充滿之處，靠近眞神懷中。
REFRAIN
O Je - sus blest Re - deem - er, Sent from the heart of God,
慈愛救主耶穌，降世自父懷中，
Hold us, who wait be - fore Thee, Near to the heart of God.
求主使我蒙保守，靠近眞神懷中。
主，抱着祢的小羊，抱我直到天堂！

〈靠近神懷中〉歌詞改寫

孫保羅，「禱告的手」（1990年夏）

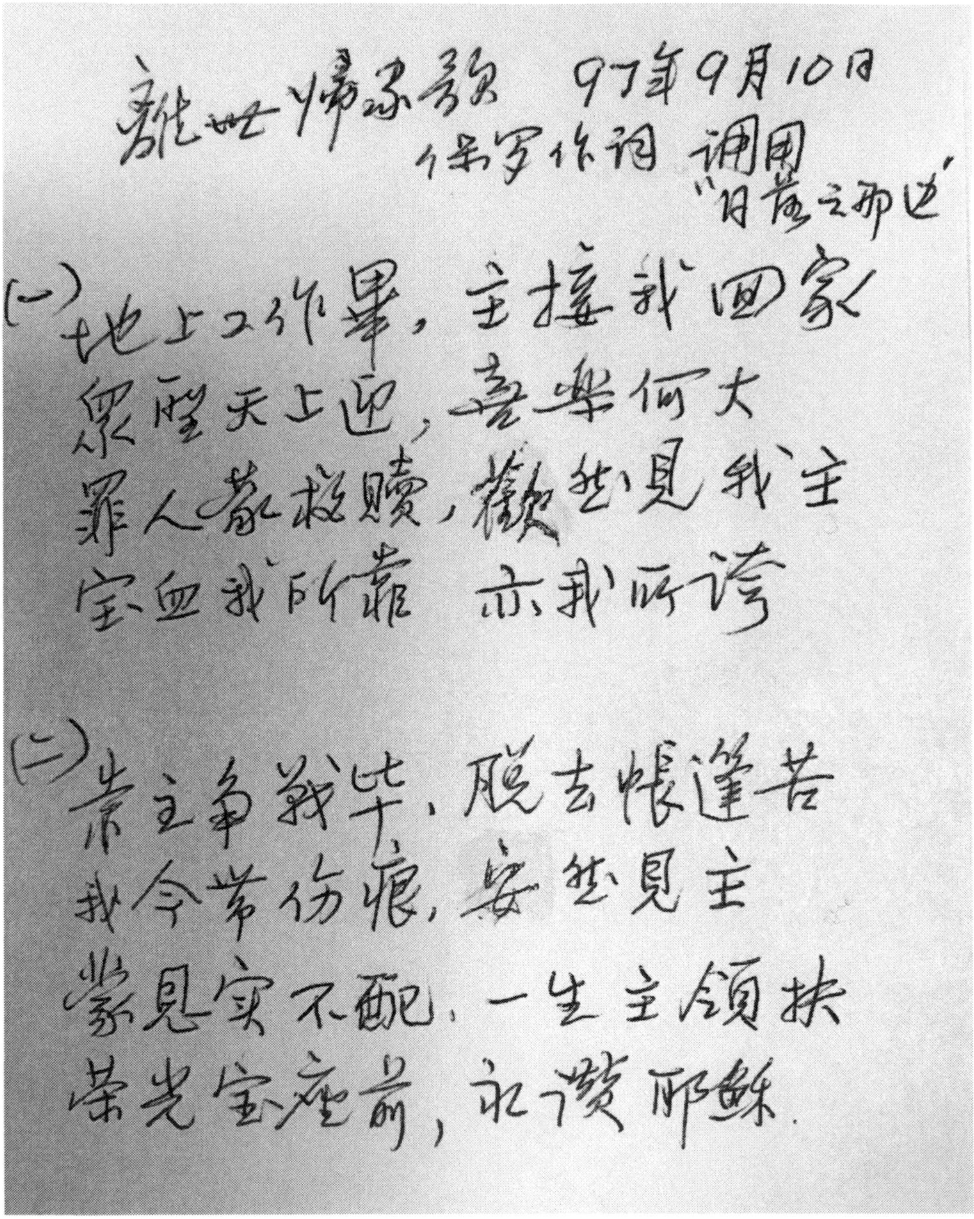

離世歸家歌 97年9月10日
保羅作詞 調用
"日落之那邊"

(一) 地上工作畢，主接我回家
眾聖天上迎，喜樂何大
罪人蒙救贖，歡然見我主
寶血我所靠 亦我所誇

(二) 忠主爭戰畢，脫去帳篷苦
我今帶傷痕，安然見主
蒙見實不配，一生主領扶
榮光寶座前，永讚耶穌

孫保羅作詞，〈離世歸家歌〉（1997年9月10日）

附錄一 每週默想，背誦經句

每週默想，背誦經句　4/5/98

約 10:27-29

（主耶穌說）「我的羊聽我的聲音，我也認識他們，他們也跟著我。我又賜給他們永生，他們永不滅亡。誰也不能從我手裡把他們奪去。我父把羊賜給我，祂比萬有都大，誰也不能從我父手裡把他們奪去。」

※ ※ ※

這是何等寶貴的應許！當你環境逆轉，道路黑暗之際，你的主耶穌沒有離開你！為你捨命的主永不離開你！你痛苦爭戰之時，主耶穌要把你藏在祂有釘痕的手中，你遇試探，軟弱，灰心，沮喪之時，祂必暗暗地保守你！世界罪流不能把你沖去，撒旦不能從天地之主手中把你奪去！因為你有「永生」！（何等寶貴！）或生或死，你的生命已經同主是永遠合一的了——因為你是主的羊！

「我是主的羊嗎？」這是我們當問自己的。

主和羊是愛主的，晝夜渴慕主的，主的羊是倚靠主的，主的羊是（甘心）順服主的，是有「為主受苦」心志的。

The Lord bless you!

主感動我，每週寫一短篇，與你們分享。一方面能多背經句，一方面也可作默想禱告的參考。

請不必回信，替我禱告，使我能繼續作工服事主。[1]

孫保羅

---

1 康宜注：父親這組〈每週默想，背誦經句〉手稿，乃是寫給他的教會友人的（例如，馬利蘭州蓋城華人宣道會的青年朋友們，包括周有恆先生等人）。又，家父寫這些短文時（從一九九八年四月至七月），正好是他在準備《一粒麥子》書稿的期間，所以書中有些篇章都來自《每週默想，背誦經句》這一系列。雖然有些篇章重複了，但還是有必要把《每週默想，背誦經句》收在這個附錄裡，以為參考之用。

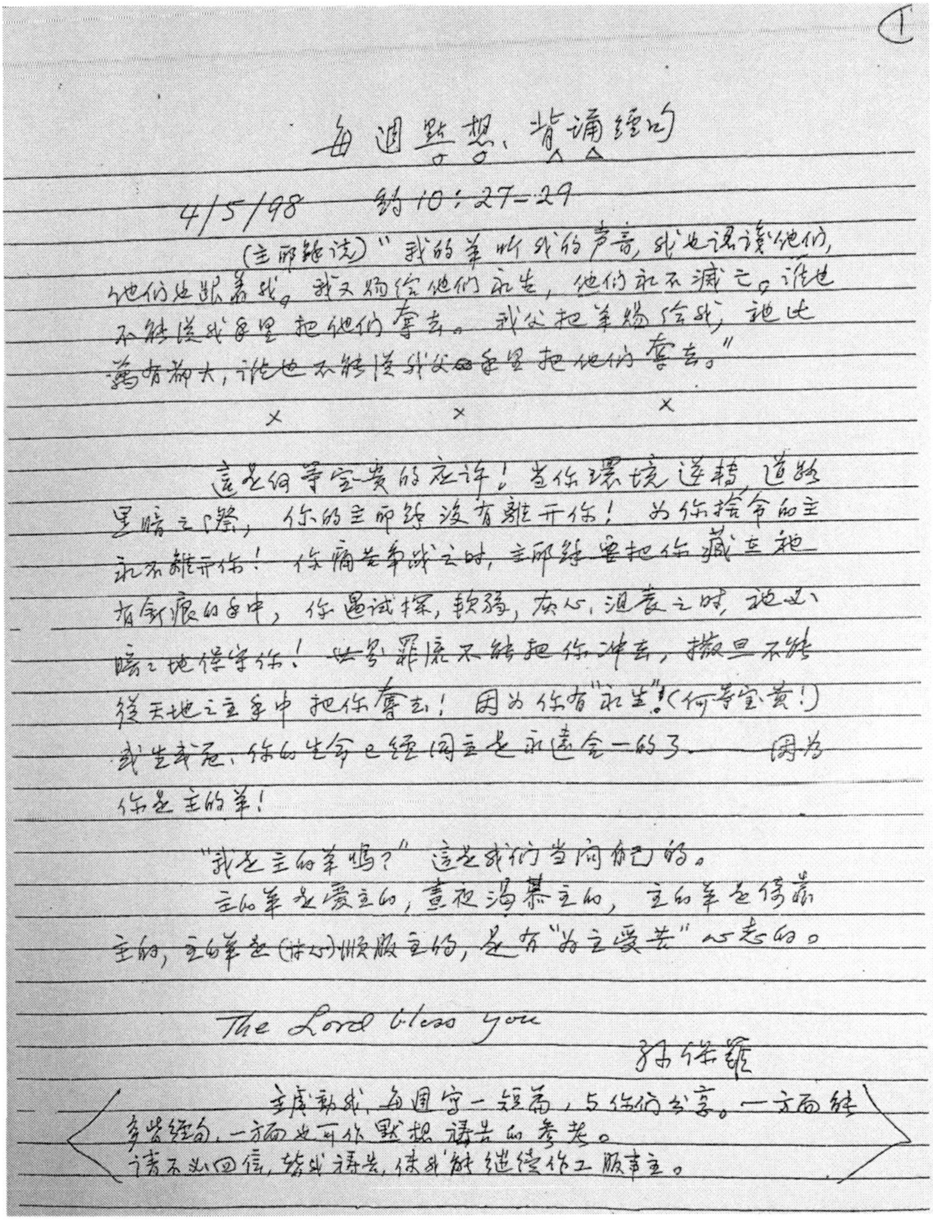

每週默想，背誦經句

4/5/98 約10:27-29

(主耶穌說)"我的羊聽我的聲音，我也認識他們，他們也跟着我。我又賜給他們永生，他們永不滅亡，誰也不能從我手裏把他們奪去。我父把羊賜給我，祂比萬有都大，誰也不能從我父手裏把他們奪去。"

× × ×

這是何等寶貴的應許！當你環境逆轉，道路黑暗之際，你的主耶穌沒有離開你！為你捨命的主永不離開你！你痛苦爭戰之時，主耶穌要把你藏在祂有釘痕的手中，你遇試探，軟弱，灰心，沮喪之時，祂也暗暗地保守你！魔鬼不能把你沖去，撒但不能從天地之主手中把你奪去！因為你有"永生"！(何等寶貴！)或生或死，你的生命已經同主是永遠合一的了——因為你是主的羊！

"我是主的羊嗎？"這是我們當問自己的。

主的羊是愛主的，晝夜渴慕主的，主的羊是信靠主的，主的羊是(甘心)順服主的，是有"為主受苦"心志的。

The Lord bless you

孫保羅

主感動我，每週寫一短篇，與你們分享。一方面鼓勵背誦經句，一方面也可作默想禱告的參考。
請不必回信，請為我禱告，使我能繼續作工服事主。

〈每週默想，背誦經句〉的系列，寫於1998年4月至7月（即《一粒麥子》原稿的寫作期間）

每週默想，背誦經句　4/12/98（復活節）

約21:15（主耶穌問彼得）

「……你愛我比這些更深嗎？」彼得說，「主啊，是的，祢知道我愛祢」。

約翰福音最後一章15-19這五節經文太美了！把主耶穌待罪人那奇妙的愛，和彼得對主愛的回應——主與彼得心心相印——刻劃得淋漓盡致！

就在不久幾天之前，彼得還曾三次不認主的，今天復活的主特地來找彼得，主安慰他，鼓勵他，挽回他。主耶穌「愛世界屬自己的人，就愛他們到底」！我初信主時，一想到彼得，打心眼兒裡瞧不起，彼得太不可愛了！但信主日久，我才愈來愈看見，我才是不可愛的！彼得三次不認主，我幾次不認主？三次？三十次？三千次也有了，但我的主耶穌永遠給我悔改的機會！！！

彼得不認主是因肉體的軟弱，他「出去痛哭」因他內心實在是愛主的。主死了，復活了，但彼得又打魚去了。他已萬念俱灰，自己都無法饒恕自己了！如今在提比利亞海邊，忽然聽到主慈聲，他還有何話可說呢！他自覺不配，無顏見主面，他心酸，只能低聲夾雜著啜泣，勉強地說：「主啊！是的……祢知道……我……愛祢……」——這節經文千古以來不知溶化了多少罪人的心！（包括你我在內）。

我特別感覺「主啊，是的」這兩個字很寶貴，我想彼得是心跪在地上說的。千言萬語，盡在其中了——悔恨，自責，感激，愛主之心，順服，再次決心「獻上自己」的心志……。

當你我軟弱跌倒時，但願我們也聽見提比利亞海邊主的柔聲：「你愛我比這些更深嗎？」——讓我們也以「主啊，是的……」二字相回應。披肝瀝膽，獻上「愛主不渝」之心。

每週默想，背誦經句　4/19/98

〈路19:10「人子來為要尋找拯救失去的人」〉

路加十五章記著說：主耶穌和稅吏並罪人吃飯，受到那些自以為義的法利賽人批評，藐視。

感謝主耶穌，祂是稅吏、罪人的朋友！否則，我怎能得著永生！——怎能被主找到，怎能成為主的羊？怎能在人生路上有主耶穌作我的避難所，我的磐石，我的拯救，我的盼望，我的方向，我的力量！

主！我算什麼！祢竟不丟棄我這個罪人。我是何等罪汙，我常常令主失望，讓主憂傷，多次懷疑，屢屢悖逆，心中常向主發怨言——但祢仍然來找我，來救我！祢的愛則永遠不變更。

我時時需要主：何時我心一流蕩，一迷途，就陷入空虛，苦愁，黑暗的深淵，就被罪纏繞；最後還得回到主的面前，方得安息。

主耶穌，我的主我的神，祢道成肉身降世為人，來找我這一隻迷羊，——祢攀山越嶺，受盡痛苦羞辱，遍體鱗傷，為我犧牲生命，才使我得著祢。主啊，願祢也永遠得著我。

每週默想，背誦經句　4/26/98

約壹1:9「我們若認自己的罪，神是信實的，公義的，必要赦免我們的罪，洗淨我們一切的不義」。

這真是一個極寶貴的應許！可惜這節聖經常被誤解：第一，有人說：「你們基督徒可真好，天上地上好處都抓。可以犯罪，犯了罪，一認便了，再犯無妨……」NO！赦罪不是犯罪的通行證。第二，也有基督徒認為，「認罪那是初信主時候的事，信主後何必還認罪？」不錯，信主時認罪悔改，寶血已把我洗淨了，那如同洗一個澡，但我們罪性還在，又住在罪的世界裡，每天生活一定會沾染汙穢，所以在我們的經歷上，還需要隨時洗去腳上的灰塵汙垢。基督徒若說自己無罪（1:8, 10），當然就不會認罪。誰會認罪呢？1:7說，是活在光中的基督徒！人愈靠近神，愈見己有罪。所以，認罪不是羞恥，是神所喜悅的。

提到認罪，我就想到今天家庭的問題。今天夫妻不和造成的壓力，遠大於外面工作或處境的壓力。夫妻不和原因很多，但我發現一件小事：「不肯認錯」，當會引起軒然大波，不可收拾。人不是不知錯，只是面子放不下，以為認罪是丟臉，結果小事化大，中了撒旦的詭計！（夫妻間一切問題，背後總有撒旦插手）。奉勸基督徒夫妻，偶遇口角，一有火藥氣，「你」要忍（立刻閉口不言）！要「讓」（放棄理由）！仰望十字架去饒恕（等對方自省自責）！還有，你若有錯，趕快「認錯」！可以化險為夷。

每週默想，背誦經句　5/3/98

帖前5:16-18

「要常常喜樂，不住地禱告，凡事謝恩，因為這是神在基督耶穌裡向你們所定的旨意」。

這幾節聖經，對我是太寶貴了。每當我遇到難處，心中掙扎，痛苦難當之時，最後還是要回到主面前來，靠這幾句話得勝。「不如意事常八九，可與人言無二三」，我們基督徒也常失去喜樂。其實，艱難困苦，雖然叫人難以忍受，但那真正把人壓垮的，不是外在的遭遇，而是內在的情緒！（所謂negative emotions, e.g.怨天尤人，自怨自憐，憂愁，掛慮，低沉沮喪，etc.）。新約聖經的喜樂，不是因外在環境的難處被神挪去，而是得勝這些有毒的情緒！

主耶穌說：「我把我的平安留給你們」（約14:27），「……叫我的喜樂存在你們心裡……」（約15:11）。主耶穌說這些話，是在什麼時候？是在被處死的前夕！祂心裡有足夠的平安，喜樂，賜給我們！祂是得勝的主。

耶穌是我們的喜樂！十架當前，我們靠著耶穌，就能支取祂的平安，祂的喜樂！我們喜樂不起來，但耶穌是我們的喜樂！

這幾節聖經包括三個命令：要不住禱告（像耶穌不住與主相連，完全信靠天父，信靠父同在，父愛不改變，知往何處去）；要凡事謝恩（愛神甘心順服，毫無怨言）；最後，「要」喜樂！當你痛苦絕望，連禱告都不能的時候，要改為「讚美」！心中口中向主說：「我的主耶穌，我讚美祢！」「讚美主耶穌！」你心立刻被提升，享安息，得能力！

「讚美主耶穌」！能滅盡撒旦一切的火箭，把心中的怨，氣，憂，懼……一掃而光。我們「要」喜樂！

每週默想，背誦經句　5/10/98

約壹2:15-17「不要愛世界，和世界上的事，人喜愛世界，愛父的心就不在他裡面了。因為凡世界上的事，就像肉體的情慾，眼目的情慾，並今生的驕傲，都不是從父來的，乃是從世界來的，這世界和其上的情慾都要過去，唯獨遵行神旨意的，是永遠常存」。

主耶穌所講的道，都是叫人重視來生，為來生預備。主叫人思想，孰重孰輕——永生？今生？／永恆？短暫？／真實？幻影？／靈魂？肉體？／天上？地上？／不能見的？眼能見的？

例如，路十二章無知的財主：財主無知，因他不知他有一死，不知靈魂歸宿何處，只拼命抓世界。路十六章不義的管家：主誇獎他聰明，因他知道為明天預備。路加十六章：財主與拉撒路：天上、地上、價值相反，捨不得地上，得不到天上。路十八章少年官：把永生失之交臂，只因他「很富足」。路十九章稅吏撒該：獨有這個財主，得了救恩，因為他把身外之物都撇下了。

主說：永生最重要！「賺得全世界，賠上生命有什麼益處呢……」。一個人家財萬貫，名利雙全，健康長壽，兒孫滿堂，他若沒有永生，即使活兩百歲，也不過十二個字：勞苦愁煩，轉眼成空，如飛而去！

新約福音教我們輕看世界，但絕不是叫我們做遁世主義者！不是受了洗了，就坐以待斃。孔子說：「未知生，焉知死」，但聖經的教訓是：未知死，焉知生！知道死往哪裡去，生命才有意義，有方向，有盼望，有力量。凡有永生的，就當用今生預備來生！使我們在世活著能遵行神旨，跟從耶穌，改變更像耶穌，享受永生平安——好在那日能安然見主（彼後3:14），歡然見主（猶24），能以豐豐富富地進入我們主救主耶穌基督永遠的國。（彼後1:11，帖前2:12，約壹2:28-29）。

每週默想，背誦經句　5/17/98

太11:28「凡勞苦擔重擔的人，可以到我這裡來，我就使你們得安息」。

耶穌真是神，耶穌是真神！唯獨祂知道人靈裡真正的需要：人（世上每一個人）都沒有平安！耶穌來了，人類才有盼望得著安息。「凡勞苦擔重擔的人，可以到我這裡來，我就使你們得安息。」幾千年來不知有多少人，因耶穌這句話而重獲生機。

人為什麼不肯來信耶穌呢？人沒有一位赦罪的主怎能有安息！人沒有永遠的生命，也不知死後往那裡去，怎能有安息！人活著沒有方向，沒有目的，怎能有安息！

但誰能蒙神赦罪？誰能有永生？誰能有清潔的良心？誰能勝過自己？誰能甘心受欺，忍辱吃虧？誰能愛仇敵，饒恕人？誰能不發怨言？誰能除去心中的罪慾，怨氣，憂慮，恐懼？誰能抵禦魔鬼？……答案是：沒有人能。所以人都沒有安息！

為什麼信耶穌？因為耶穌是神！「在人不能，在神凡事都能」（可10:29）。你我不能得安息，但耶穌能使我們能。寶貴的耶穌！「除祢以外，在天上我有誰呢？除祢以外，在地上我也沒有所愛慕的。」

默想背誦經文（康宜按：此篇沒有日期）

羅14:7-8「我們沒有一個人為自己活，也沒有一個人為自己死，我們若活著是為主而活，若死了是為主而死，所以我們或活或死，總是主的人。」

「耶穌是主」——這是起初教會的基本信條。「主」這個字是指主人，但也是指神說的。主是生命的主宰，是主權者。信主以前，我「自己」是主，信主以後，我生命的寶座請耶穌來坐，我作僕人了。很多時候，我們的問題是：雖然信了耶穌，還是在很多事上自己作主！太6:24：「一個人不能事奉兩個主」，所以信了耶穌就必須否定「己」，棄絕世界，除盡偶像，恨惡邪惡，抵擋撒旦。讓主耶穌真在我生命中掌權。

耶穌是主，我理當是僕人。我們得贖，出死入生，是因主寶血，我們理當愛祂而獻上自己，為主而活。基督徒就是申15:16-17的那奴僕，將一切主權（包括生命），全交給耶穌了。我們就是那甘心樂意的奴僕。

耶穌是主，我們活著就有意義了：不再為轉眼成空的人、事、物而活，而為永活的主耶穌而活。從今而後，「為主活，為主死」，方向清清楚楚，不再胡里胡塗。為主而活，全然屬主，我們活著就簡單了，主負責，主看顧，不必自己背重擔了！

清晨醒來，最好先坐定了，向主說：「主耶穌，今天我是為祢而活，今天的道路我不知道，我把今天所遇到的一切人，一切事，都交在祢手中，求主引導保護我脫離那惡者，保守我能榮耀祢！」——這樣一禱告，一天都得力。

耶穌是主！在家中，我不是主，夫妻就能同心同行。在教會裡，我不是主，教會就少許多糾紛。在一切危險，患難，多樣遭遇中，由耶穌作主，我順服神的命定，就少了許多憂愁掛慮！

耶穌是救主，祂更是我的「主」。

每週默想，背誦經句　5/31/98

太19:3-6「有法利賽人，來試探耶穌說，人無論什麼緣故，都可以休妻（離婚）嗎？耶穌回答說：那起初造人的，是造男造女，並且說，『因此人要離開父母，與妻子（丈夫）連合，二人成為一體』。……既然如此，夫妻不再是兩個人，乃是一體的了。所以，神配合的，人不可分開。」

婚姻的意義是什麼？在這段經文中（太19:3-11），那位至高至聖的立法者，宣告：夫妻是神配合的，家庭是神設立的，一夫一妻的婚姻是神聖不可侵犯的。然而，眼看這半個世紀來，家庭日漸解體！因為人高喊「自由」，要自主，（自己作「是非」「善惡」的標準），要掙脫神的律，所以世界潮流，以羞恥為光榮！但「由自」的結果就是自殺！——夫妻反目，同床異夢，自私自利無情無義彼此利用：離婚成了家常便飯，分居，單親，日益增加，禍延「子孫」！人不止要承受外面的（工作上，社會上）的壓力，如今更失去了神為人預備的、世上唯一的避風港！

舊約十誡中就有兩條，是與婚姻有關的。第七誡，「不可姦淫」（一切婚姻外的關係都是罪）。第十誡，不可貪戀人的妻子（丈夫）「（注意，心中有貪戀的意念，就是罪）。這是神的律，保護家庭的紅綠燈。

我曾聽過一位弟兄，在查考這幾節聖經時，說：「……夫妻是神配合的，我看神配的不好！……」NO！神配的恰到好處！你愛吃鹹？神給你配一個愛吃淡的，你性急？他（她，下同）就性慢……，所以，我們首先要認定，古今中外，沒有一對夫妻是絕對不「抬槓」「拌嘴」的。曾聽人說，他們離婚的理由是「個性不合」！我說，奇怪，「個性」怎麼能合？人各有其個性嘛。王明道先生有一句話：「你那一半永遠是你的十字架！」至理名言！但我還想再加上半句：「你也永遠是他的十字架。」這到底是怎麼回事？有一天，主偶然叫我想到箴言書27:17節，有七個字：「鐵磨鐵，磨出刃來。」恍然大悟。深哉，神的智慧！神原來是要我這塊廢鐵（高傲剛硬的），先在家庭中受神的磨煉，有一天能磨成刃，成為神手中有用之材，合神心意才能見證主，榮耀神。

我憑基督的愛，奉勸基督徒夫妻——不要被世潮沖去，要回到聖經上來！不接受「世上的」價值觀！「愛」就是自我犧牲，奉獻自己。凡事為他的益處。不要想改變他，要改變你自己！不可自以為一家之主，不可固執己見。（不得已時，只好叫他失敗學教訓）求主把守你的口（愛也可能造成傷害！）記住：「少說一句」，化險為夷！求主約束你的脾氣（脾氣是罪！）最要緊的是彼此「尊重」！——彼此認罪，彼此饒恕。

夫妻相處不容易，但目中有神，一切難處迎刃而解。何況人生短暫，誰知何時生離死別。

每週默想，背誦經句　6/7/98

弗4:31-32「一切苦毒，惱恨，忿怒，嚷鬧，毀謗，並一切的惡毒，都當從你們中間除掉；並要以恩慈相待，存憐憫的心，彼此饒恕，正如神在基督耶穌裡饒恕了你們一樣。」

什麼是福音？就是「耶穌基督並祂釘十字架」！十字架的意義，首先就是愛（agape）。單從愛「人」這方面看，愛有「付出」和「饒恕」兩面，to give and to forgive。二者都不容易，其中饒恕更難。夫妻在家，弟兄姊妹在教會，彼此關顧，服事，饋贈，並不難作到，然而，一旦為了一句話受到傷害，那時要饒恕對方，就不是易事了。

人難以饒恕人，因人性中沒有饒恕，只有報仇。Alexander Pope有一句話，“To err is human; to forgive, divine.”所以，如果我能饒恕，那就是顯出「神性」來。我不能饒恕人，多半因為「我講理」；「明明是他傷害我，我有什麼理由饒他！」但主耶穌釘在十架上鮮血淌流，說出的第一句話，是：「父啊，赦免他們！因為他們所作的，他們不曉得」（路23:34）。他們是誰？就是恨祂、毀謗祂、冤枉祂、捉拿祂、羞辱祂、處死祂的！他們配得主的赦免嗎？但主不講理——只講愛！（主若講理，你我早下地獄了）。

今天的經文，以及太18:33, 35，都出現「憐憫」兩個字！主饒恕我罪人，是沒有理由，毫無條件的！主以憐憫為懷，所以甘願為我的罪而受害。可見，「憐憫」心是饒恕的基礎。

信主以前，我以惡報惡，心中坦然，信主以後，裡面的聖靈，叫我饒恕。我不能饒恕，祂就不放過，叫我寢不安席，食不甘味，失眠症，高血壓……叫我自己懲罰自己！所以，到頭來，我還是得回到主面前去。

你心中若有不能饒恕之人，掙扎痛苦之時，你當求主帶你到各各他，在主血染的十架前跪下！看見自己原來是主所憐憫所赦免的罪人，聖靈必感動你，叫你看見他（她）也不過是個「人」，會犯錯的，有缺點的，被罪捆綁的，可憐的「罪人」，和你一樣！「主啊！我要……憐憫他，饒恕他……，主！我不能，但祢能使我能……」。站起來，你就得勝，進入安息！

聖經說：「神……憐憫我們，將我們的罪踏在腳下……投於深海。」（彌7:19）。我曾聽到一人說：我今天饒他了，不跟他計較了，但我恨他一輩子！——這不是饒恕。主耶穌說「你若不從心裡饒恕……」，注意「從心裡」三個字。從心裡饒恕了，真是沒有氣了，平安了。妙哉主道！

每週默想，背誦經句　6/14/98

約14:31「我愛父，父怎樣吩咐，我就怎樣行」。

這句話是十架當前，耶穌在門徒面前說的。

約6:38耶穌也說，「我從天上降下來，不是按自己意思行，乃是要按那差我來的旨意行」。我們信耶穌的人應當知道，這個「信」字是包括「順服」在內的（參羅1:5信服）[1]。我們信的不是一個定理，不是一個學說，而是天地之主，偉大的神。耶穌是主，我們信耶穌，祂就與我們生命有關係。

神不是暴君，不是逼著我們順服祂。神要我們順服祂，是為了我們的益處，叫我們得平安，享安息。基督徒順服神，動機是愛神！不出乎愛的順服，不是順服。

所以，基督徒的順服，和世人的「認命」是斷然不同的！——世人是不認識神（獨一真神，宇宙主宰，生命源頭），是自以為神，自己當神（不承認自己是「被造」的）！但有一天災禍忽然臨到，他才發現原來「我不是神」，那時，他不得已只好向「未知」的「命運之神」（其實是魔鬼）屈服！認命的人是委委屈屈，一肚子怨氣，無可奈何地向命運低頭，所以，認命的人絕無平安。

基督徒認識神是神，神是愛，認識在十架上替我罪人流血捨命的主耶穌。主是配得我們敬愛的，配得我們信靠的，配得我們順服的。我們是甘心樂意地順服。

來5:8-9有寶貴的話，說，「……祂雖然為兒子，還是因所受的苦難，學了順從，祂既得以完全（perfect），就為凡順從祂的人，成了永遠得救的根源。」當我們外有苦難，內有爭戰之時，仰望耶穌，順服「耶穌的」順服，就能得勝。

1 康宜注：〈羅馬書〉1:5「我們從祂受了恩惠並使徒的職分，在萬國之中叫人為祂的名信服真道」。

順服是你我一生的功課。順服必然是受苦。我們雖然常常不能順服，但我們應當有一個順服的「心志」。

你心中何時平起風浪，失去平安？必定是你內心深處，有一件人所不知，你不敢碰的小事，是你還未能順服的！求主給你挖出來！俯伏在地向主說：

「我的神，我樂意照祢的旨意行！」（詩40:8）

每週默想，背誦經句　6/21/98

林後5:17「若有人在基督裡就是新造的人，舊事已過，都變成新的了」。

基督徒信了主以後，頭一件事就是「死」——要立刻開始對付脾氣，讓主除掉老天性（「己」）。

也許有人說：男女老幼都發脾氣，脾氣是理所當然。但聖經說，脾氣是罪！是傷害人的。「我有什麼權利給別人（包括自己親人）製造痛苦？」也許你以為，你脾氣大是沒有辦法，是祖宗三代的遺傳，秉性難移！不錯，我們信耶穌以前，是脾氣的奴隸，但如今有了耶穌，秉性難移這條鐵則，在基督裡已經打破了。也許有人以為自己修養努力就可以剋制脾氣，其實不然，你我根本不能，惟靠聖靈才能。

人為什麼生氣，發脾氣？主要有兩個原因：第一，人不稱心；第二，事不如意。不稱心，不如意，是因人的天性向神高傲。所以，脾氣的根是「己」！我要別人都聽我的，結果是不稱心；我要神依著我的意思，所以不如意。主耶穌說，我心裡柔和謙卑，祂在父面前沒有我，祂接受父一切的按排和改變，所以祂在十架當前心如止水，因祂裡面與神完全和諧。主說：「我從天上降下來不是要按自己的意思行，乃是要按那差我來者的意思行」——主凡事是要「如神的意」！我們卻是不尊主為主，不以神為神！不思想：掌管萬事的是神，還是我？

信了耶穌，進來一個新生命，新生命能勝過天然的生命。我們愛主多少，順服多少，有多少為主受苦的心志，脾氣就除掉多少。

新生命（永生）是復活的生命，復活的生命必然先經過死，我們舊生命，老脾氣，必須經過主十字架的對付——必須死！

一個基督徒，信主以後，脾氣沒有（漸漸）改變，依然故我，怎能証明他有永生呢！

每週默想，背誦經句　6/28/98

約4:13-14「耶穌回答說，凡喝這水的，還要再渴，人若喝我所賜的水，就永遠不渴。我所賜的水要在他裡頭成為泉源，直湧到永生」

誰能填補人內心深處的空虛寂寞？世上有什麼能給人滿足平安？耶穌看世人是「困苦流離如羊無牧」！高樓大廈擠滿了人，繁華鬧市，摩肩接踵，但一個一個的人呢？——都是無目的的沖流而下，內心都是徨惑、孤單、憂慮、懼怕……！「耶穌就憐憫他們」。

人有許多的問題；人不能不犯罪，罪給人帶來痛苦與絕望；人不能不受苦，世上一切事，全由不得我，生命是許多的無奈，辛酸與眼淚。最後，人不能不死！勞苦奮鬥，患得患失，一旦（不知何時）死到臨頭，一切永遠隔絕，化為烏有了（也不知死後何往）！試問，這樣的人生你能說有意義嗎？

生命要有意義，人需要罪得赦免，人需要天上來的能力勝過罪與苦難，人需要靈魂的歸宿（死後往那裡去）。感謝神，（救主）主耶穌來了，要「叫人得生命（永生），並且得的更豐盛」。唯獨耶穌能解答人一切的問題——叫凡信祂的，罪人變神人，軟弱變剛強，憂傷變為喜樂，絕望的得著盼望，祂叫死人（活著沒有意義的人）復活，叫迷羊（人生沒有方向的人）回歸牧人！

信耶穌得永生！被造之人必須與生命之主（永恆）相連結，才得滿足、安息。在信的人，那偉大的生命活水，就從他裡面湧流不息，直到永遠。

有耶穌，勝於全世界！那撒瑪利亞婦人丟下水罐子，見證耶穌去了。

每週默想，背誦經句　7/5/98

詩130:1-2「主啊，我的心不狂傲，我的眼不高大，重大和測不透的事我也不敢行。我的心平靜安穩，好像斷過奶的孩子，在他母親懷中」。

人何等渺小！在無限時空之中，我的存在在那裡？等於零！（賽40:17）。我為什麼是我？測不透！（詩139:6, 14）。沒有神，人沒有存在的意義，也沒有平安。

人生很多的痛苦基本上是出於一件小事：人不肯承認「我是被造」，以為我就是我，「除我以外沒有別的」（賽47:8, 10）。但是，總有一天人會發覺「原來我不是神」！一個小指頭不能動，就許多事不能作；地震，龍捲風，頃刻之間把市鎮夷為平地！人算什麼！我的前途，我的環境，我的遭遇，全不在我控制之下！基督徒最大的問題是對神不滿，對環境遭遇不滿，不如意，發怨言，就陷入痛苦黑暗的深坑中！（羅9:20）。

大衛被稱為「合主心意」的人，因他向神謙卑。謙卑就是在神面前他不敢說「我要……，我不要……」，神要給他什麼他都要，（詩16:1, 2, 5, 6, 8, 9）。怎麼叫「合主心意」？就是他不敢叫神如「他的意」，他凡事要如「神的意」！神的事測不透，他不敢過問，更不敢去管神的事，所以，他心裡沒有憂慮，懼怕。

雖然很多事我們測不透，但我們能因著主耶穌信實的應許，把明天交託在祂永愛、全智的手中。像斷過奶的孩子，倚在母親的懷中——享受主裡的平安與喜樂。

每週默想，背誦經句　7/12/98

可2:17「耶穌……說：康健的人用不著醫生，有病的人才用得著，我來本不是召義人，乃是召罪人。」

新約時代的敬拜全是內裡的，不靠外表行什麼儀禮，守什麼規條。是個人與神直接的關係。以心靈誠實敬拜——我心對準神的心，我在神前毫無隱藏。主耶穌「知道人心裡所存的」！（約2:25），主要看我們的心，也知道我的心。

奇怪，主耶穌只說了一句話，利未（馬太）「就起來跟從了耶穌」！耶穌好像一塊無比偉大的磁石，他身上有神的榮威、權柄、慈愛、真理、能力，罪人遇見祂就被祂吸去。但是法利賽人，文士，就不能被吸。難道神還有難成的事嗎？NO！是因為他們自以為義！磁石只能吸引有磁性的東西！

在神眼中，人不分罪人義人，乃是分「悔改的罪人，」和「不悔改的罪人」。神不看人的出身如何，過去歷史如何，只看人今後如何？人看見了神的兒子耶穌，樂意不樂意認罪悔改？

神所喜悅的，是人有悔改的心！認罪悔改就是向神謙卑！「我所看顧的就是虛心痛悔，因我的話而戰兢的人」（賽66:2），「神哪，憂傷痛悔的心，你必不輕看」（詩51:17）。福音的道乃是「悔改赦罪的道」（路24:47）。人認罪，主就赦免！（約壹1:7-2:2）。

雖然已經是基督徒了，罪得赦免了，我們還是照樣有罪，需要不住地認罪悔改。什麼時候覺得我們靈命長進了，沒有認罪的必要，自滿自足了，恐怕就是已經遠離了神，不被祂的光所照，不能被祂的愛吸引了。

默想背誦經句（康宜按：此篇沒有日期）

詩90:1, 10「主啊，祢世世代代作我們的居所，諸山未曾生出，地與世界祢未曾造成，從亙古到永遠，祢是神……我們一生的年日是七十歲，若是強壯可到八十歲，但其中所矜誇的，不過是勞苦愁煩，轉眼成空，我們便如飛而去」。

人需要認識神，人需要救主。神造人有「靈」放在人裡面，「人」是神獨一的創造（照神榮耀的形相造的）。所以唯獨人有「神」的觀念，有尋求渴慕神的本能。

當我們佇立於名山大川之前，思想天地之大（以光年計）年代之久（以地質時代計），以及造物奇妙之時，心裡自然有一種敬畏讚嘆的感情。當我們站在彌留臨終的病榻之前，也不能不喟嘆人的渺小，有限。

天地萬物從何而來？在茫茫宇宙中我站在那裡？生命的意義何在？……這些問題，人需要解答。人需要找到「永恆」的創造主，生命之主！否則人生就沒有意義。有靈魂的人若生命沒有意義，就活不下去。

人的體質，與禽獸相比，極其脆弱，而生老病死，遭遇環境，又沒有一樣是人自己所能控制的。人生就是受苦與無奈。更重要的，人有生必有死。轉眼成空，人往哪裡去？靈魂需要有歸宿！人需要有永生，有神的同在，才有盼望，有力量活下去。

最後，人與禽獸，大大不同的一點，是：唯獨人有「是非之心」「羞惡之心」，但也唯獨人能犯罪（有罪性），有罪惡感。罪給人帶來今生的痛苦，永遠的刑罰，罪使人活著沒有平安。人需要罪蒙赦免，有無虧的良心，也需要有天上來的能力，過得勝的生活。

人需要認識造他的神，人需要救主（傳12:1）

附錄二

新約部分，書名常用「英文代字」表

Mt	太	I The（ss）	帖前
Mk	可	II The（ss）	帖後
Lk	路	I Tim	提前
Jn	約	II Tim	提後
Act	徒	Tit	多
Rom	羅	Philem	門
I Cor	林前	Heb	來
II Cor	林後	JS	雅
Gal	加	I Pet	彼前
Eph	弗	II Pet	彼後
Phi（l）	腓	I, II, III Jn	約壹／貳／參
Col	西	Jude	猶
—	—	Rev	啓

因我習慣用英文代字，所以在我思想的時候，無意中常會間雜「英文代字」。以上供參考。

附錄三

孫保羅原稿手跡

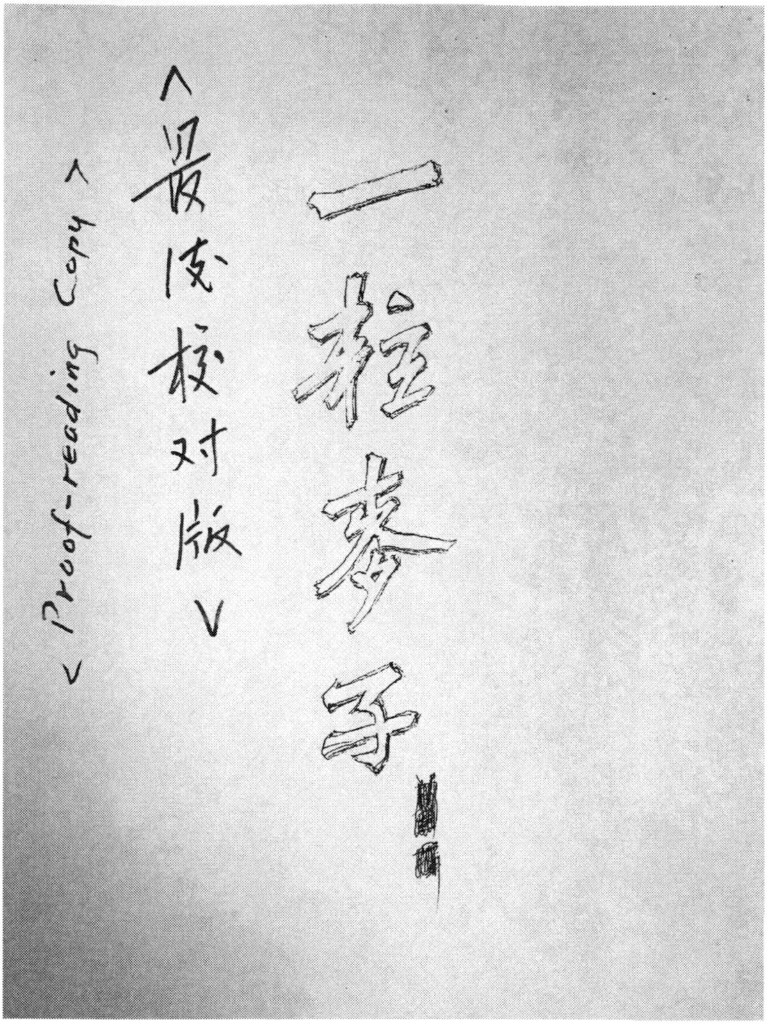

原稿《一粒麥子》「最後校對版」（1998）

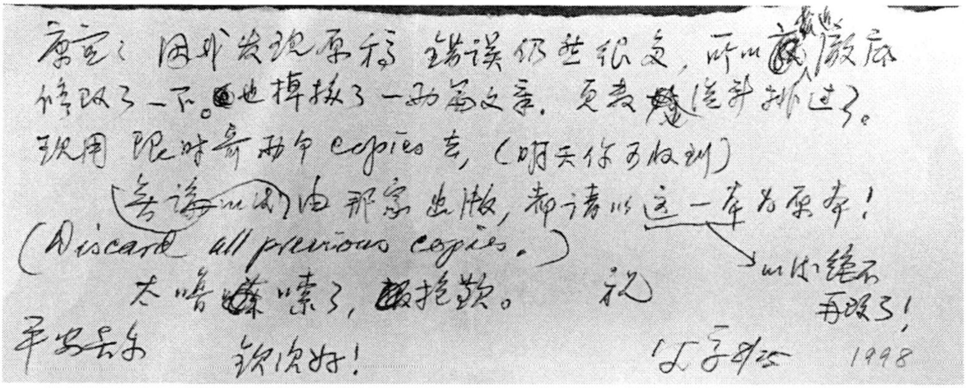

康宜：因我发现原稿错误仍然很多，所以彻底修改了一下。也掉换了一两篇文章。[illegible]都排过了。
现用限时寄两份 copies 去，（明天你可收到）
无论以后由那家出版，都请以这一本为原本！
（Discard all previous copies.）
→以后绝不再改了！
太啰嗦了，抱歉。祝
平安喜乐
钦次好！
父字 8/25
1998

給女兒康宜的信（1998.8.25）——有關原稿《一粒麥子》的「最後校對版」

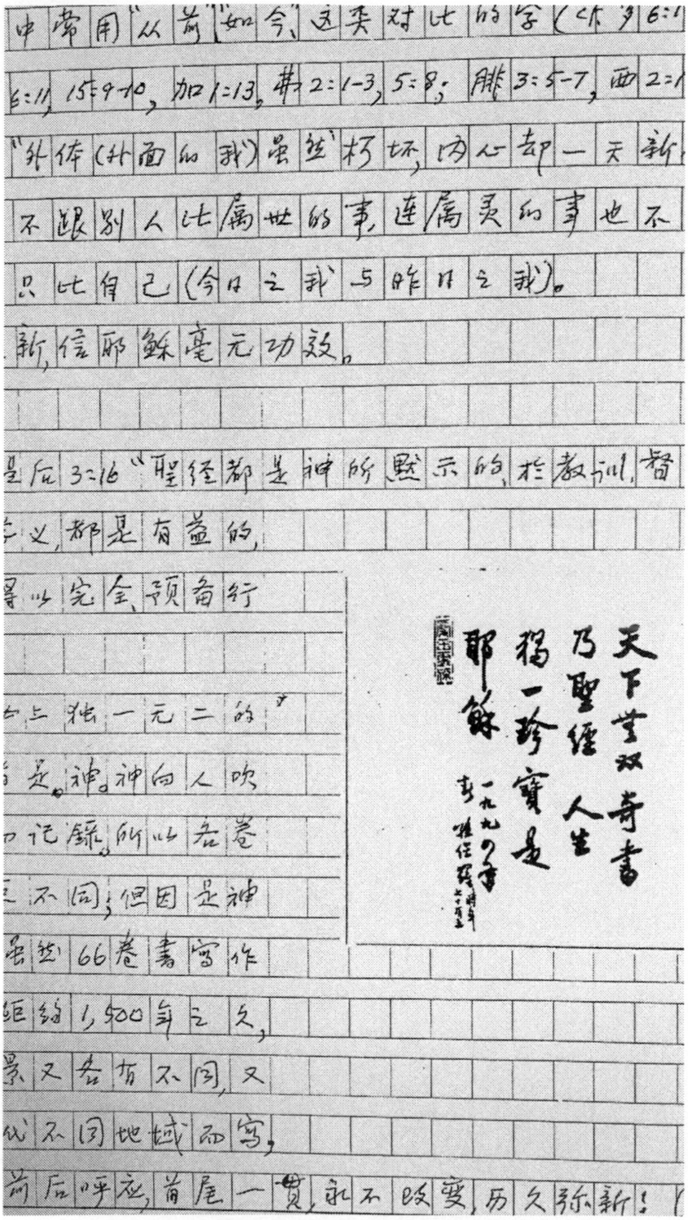
中常用"从前""如今"这类对比的字（
:11, 15:9-10, 加1:13, 弗2:1-3, 5:8; 腓3:5-7, 西2:1
"外体（外面的我）虽然朽坏，内心却一天新
不跟别人比属世的事，连属灵的事也不
只比自己（今日之我与昨日之我）。
新，信耶稣毫无功效。

后3:16"圣经都是神所默示的，于教训，督
义，都是有益的，
得以完全，预备行

上独一无二的"
是神。神向人吹
记录，所以各卷
不同；但因是神
虽然66卷书写作
距约1,500年之久，
景又各有不同，又
代不同地域而写，
前后呼应，首尾一贯，永不改变，历久弥新！

天下無双奇書
乃聖經 人生
獨一珍寶是
耶穌

孫保羅手稿（取自原稿第四十九篇）

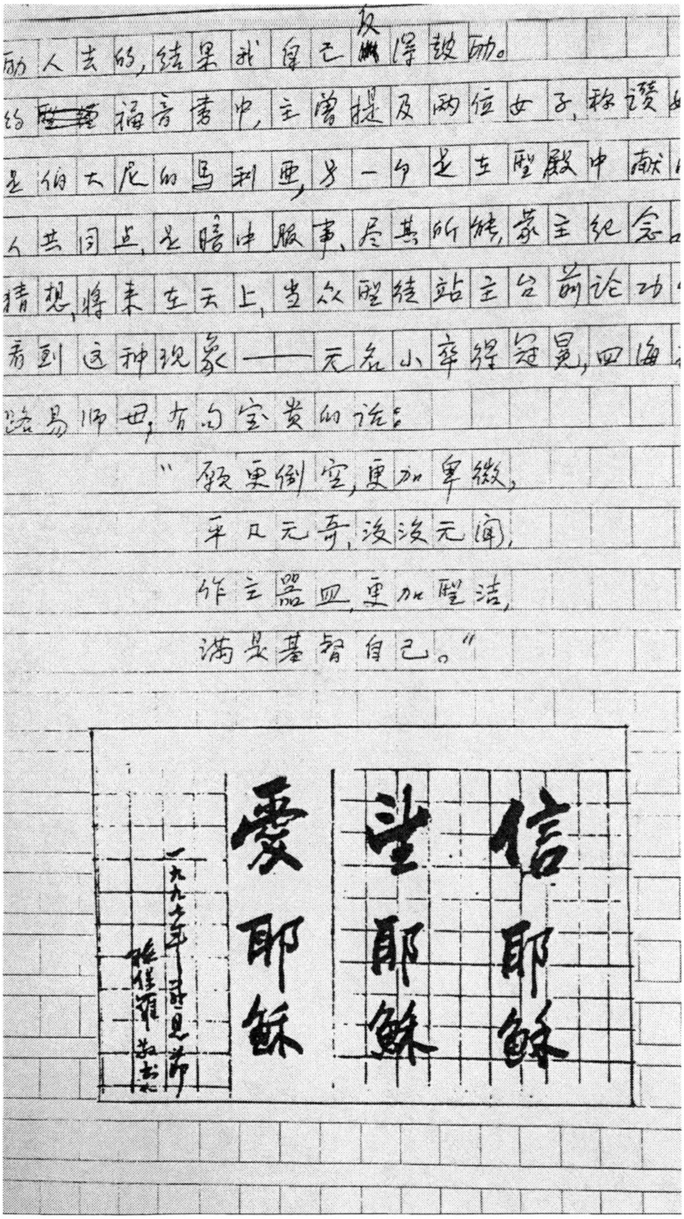
励人去的，结果我自己反而得鼓励。
的~~圣经~~福音书中，主曾提及两位女子，称赞她
是伯大尼的马利亚，另一个是在圣殿中献……
人共同点，是暗中服事，尽其所能，蒙主纪念……
猜想，将来在天上，当众圣徒站主台前论功……
看到这种现象——无名小卒得冠冕，四海……
站易师母，有句宝贵的话：
"愈更倒空，更加卑微，
平凡无奇，没没无闻，
作主器皿，更加圣洁，
满是基督自己。"

孫保羅手稿（取自原稿第七十三篇）

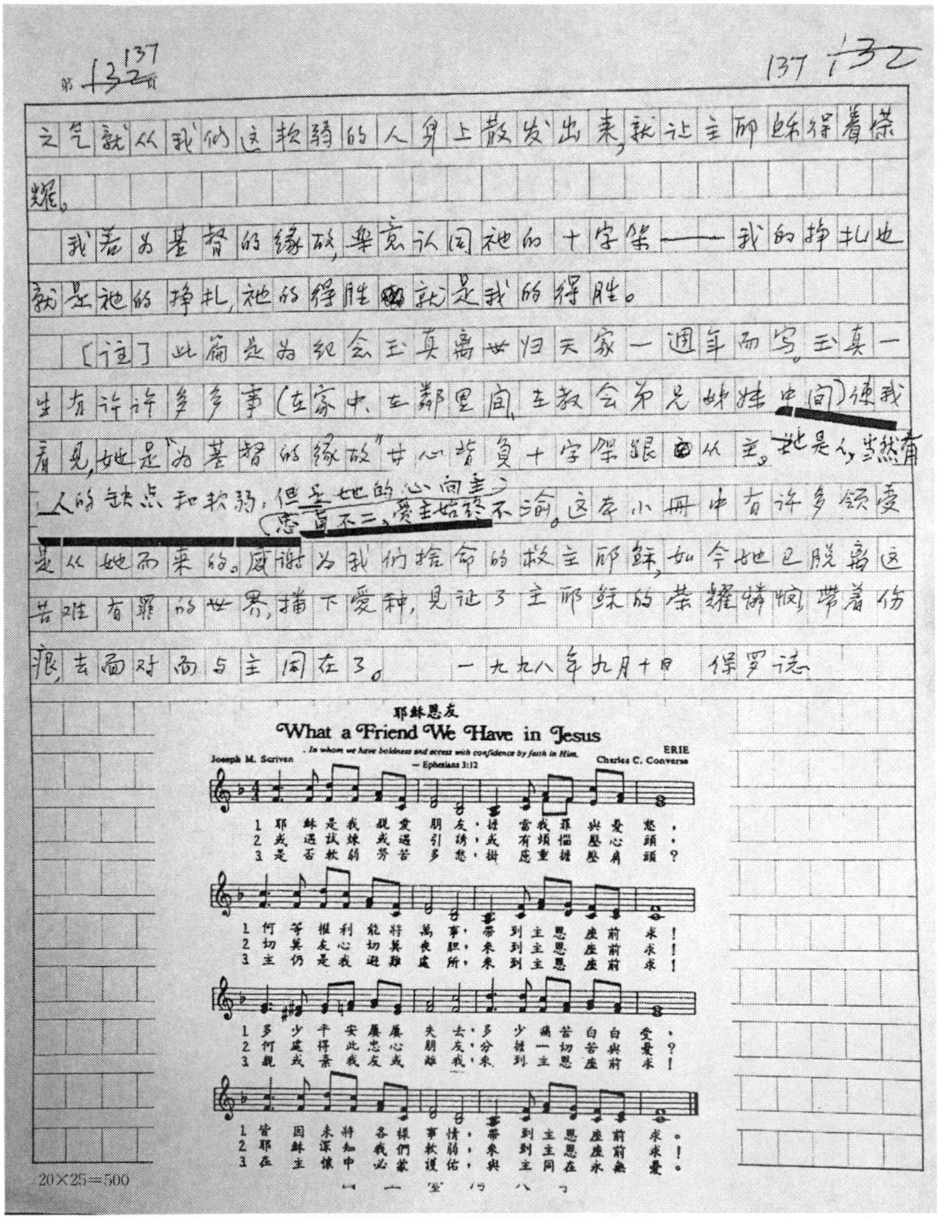
第137頁 137

之气就从我们这软弱的人身上散发出来，就让主耶稣得着荣耀。

我若为基督的缘故，乐意认同祂的十字架——我的挣扎也就是祂的挣扎，祂的得胜就是我的得胜。

［注］此篇是为纪念王真离世归天家一週年而写。王真一生有许许多多事（在家中、在邻里间、在教会弟兄姊妹中间）使我看见，她是"为基督的缘故"甘心背负十字架跟从主。她是人，当然有人的缺点和软弱，但是她的心向主，忠貞不二，爱主始终不渝。这本小册中有许多领受是从她而来的。感谢为我们捨命的救主耶稣，如今她已脱离这苦难有罪的世界，播下爱种，见证了主耶稣的荣耀怜悯，带着伤痕去面对面与主同在了。　一九九八年九月十日　保罗志

孫保羅手稿（取自原稿「後記」）

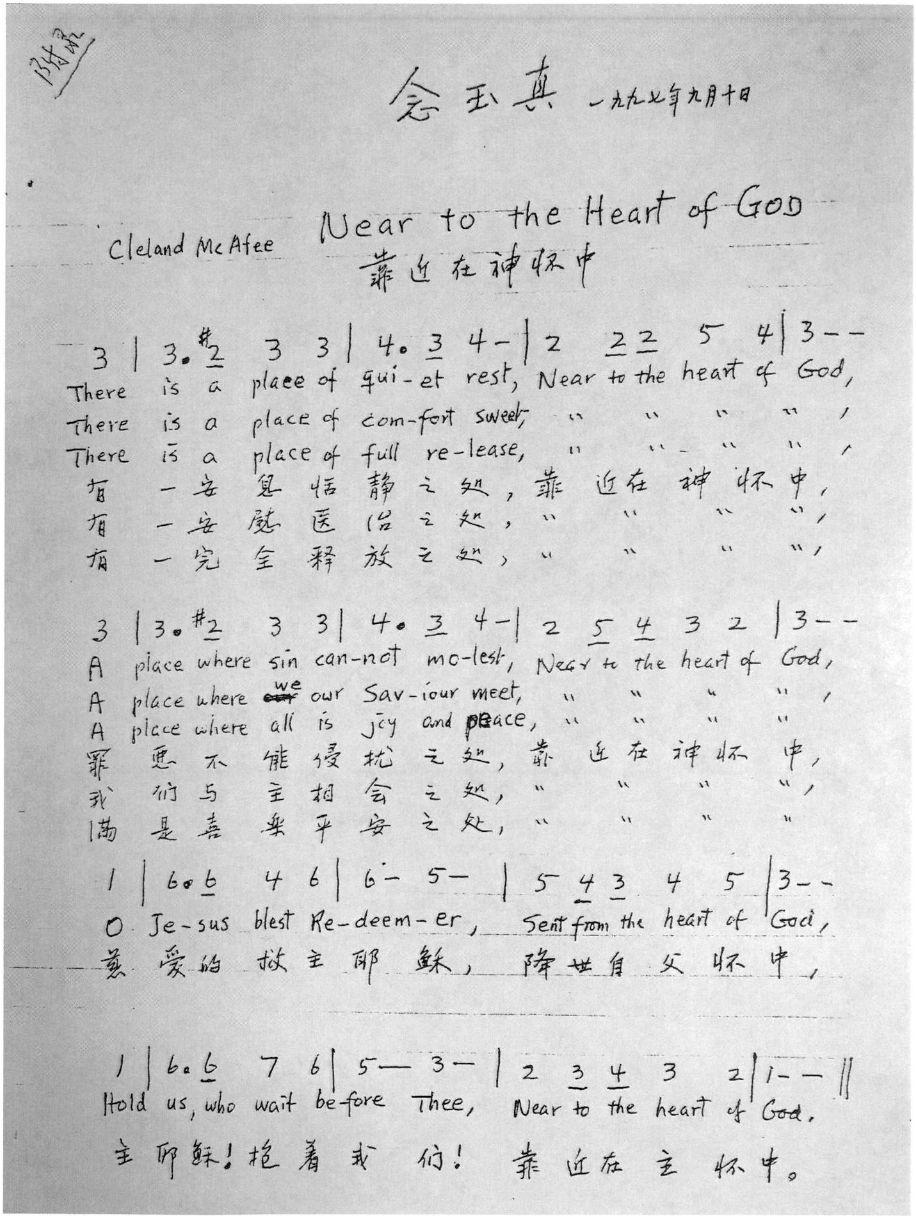
附录

念玉真 一九九七年九月十日

Cleland McAfee　Near to the Heart of GOD

靠近在神怀中

3 | 3. #2 3 3 | 4. 3 4 - | 2 2 2 5 4 | 3 - -
There is a place of qui-et rest, Near to the heart of God,
There is a place of com-fort sweet, " " " ",
There is a place of full re-lease, " " " ",
有一安息恬静之处，靠近在神怀中，
有一安慰医治之处，" " " "，
有一完全释放之处，" " " "，

3 | 3. #2 3 3 | 4. 3 4 - | 2 5 4 3 2 | 3 - -
A place where sin can-not mo-lest, Near to the heart of God,
A place where ~~our~~ we our Sav-iour meet, " " " ",
A place where all is joy and peace, " " " "
罪恶不能侵扰之处，靠近在神怀中，
我们与主相会之处，" " " "，
满是喜乐平安之处，" " " "

1 | 6. 6 4 6 | 6 - 5 - | 5 4 3 4 5 | 3 - -
O Je-sus blest Re-deem-er, Sent from the heart of God,
慈爱的救主耶稣，降世自父怀中，

1 | 6. 6 7 6 | 5 — 3 — | 2 3 4 3 2 | 1 - - ||
Hold us, who wait be-fore Thee, Near to the heart of God.
主耶稣！抱着我们！靠近在主怀中。

孫保羅抄寫並改寫聖歌詞，〈靠近在神懷中〉。（1997年9月10日念玉真）

附錄四

修訂本「增補筆跡」

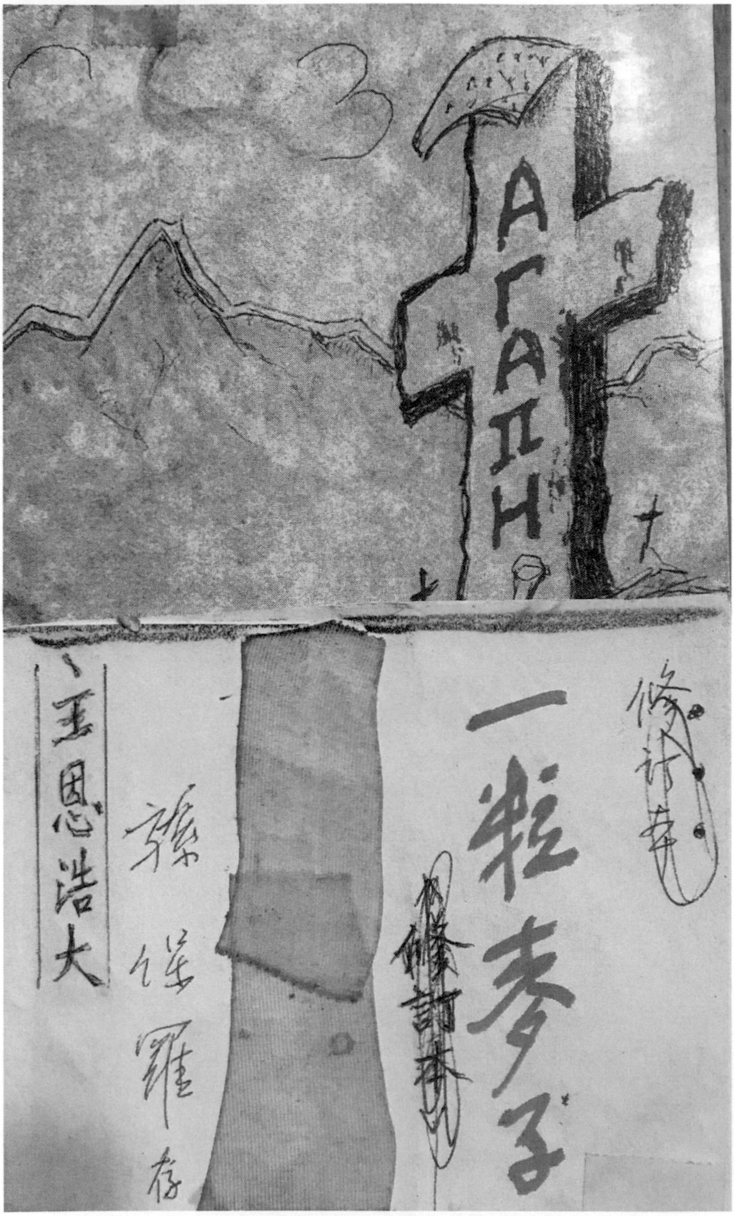

《一粒麥子》「修訂本」封面設計

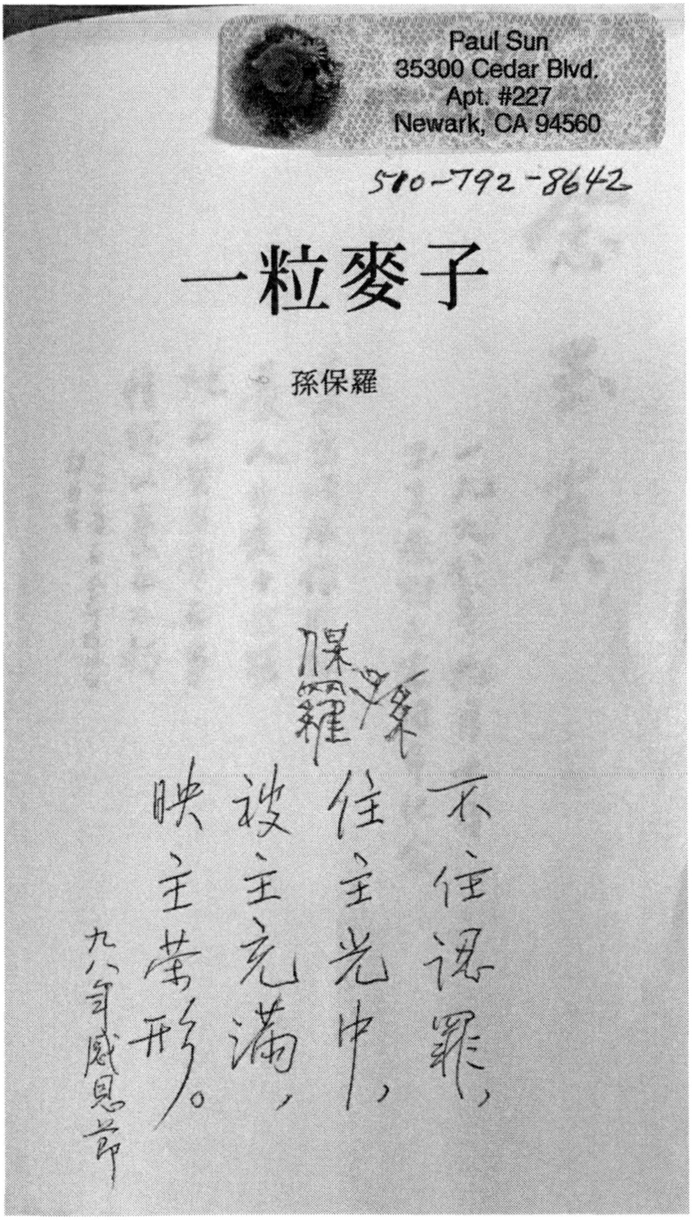

取自《一粒麥子》「自用本」（修訂本）扉頁

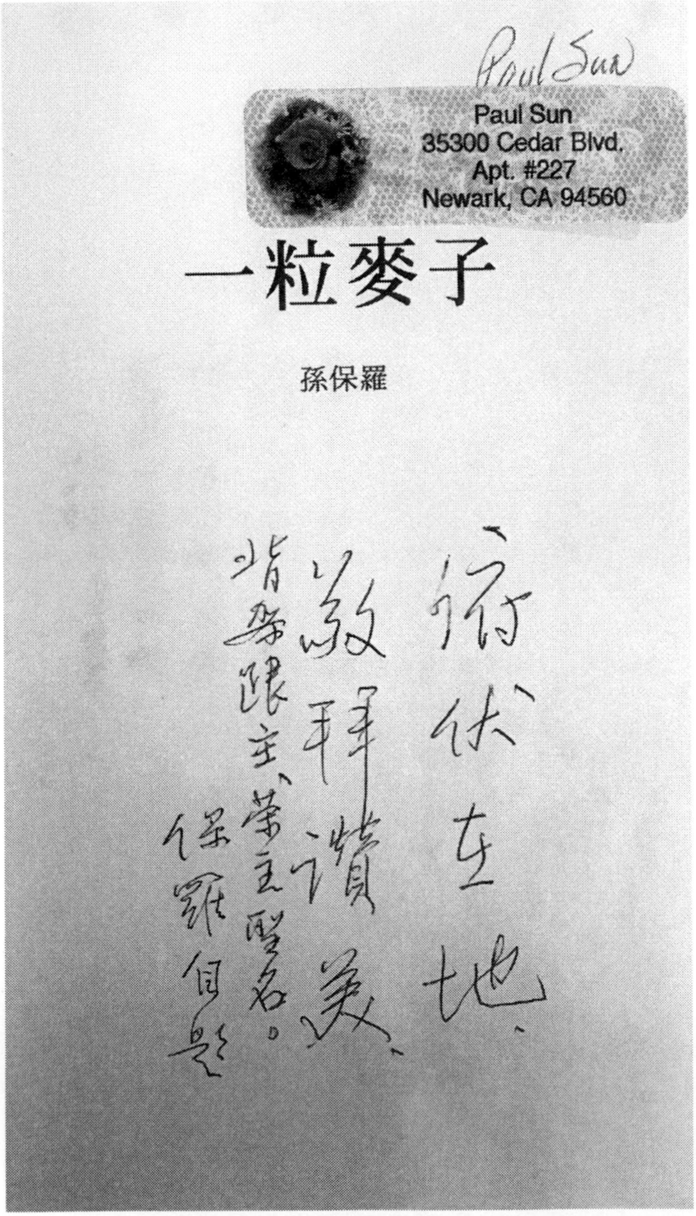
Paul Sun

Paul Sun
35300 Cedar Blvd.
Apt. #227
Newark, CA 94560

一粒麥子

孫保羅

俯伏在地、
敬拜讚美、
背架跟主、榮主聖名。
保羅自題

取自《一粒麥子》另一本「自用本」的扉頁

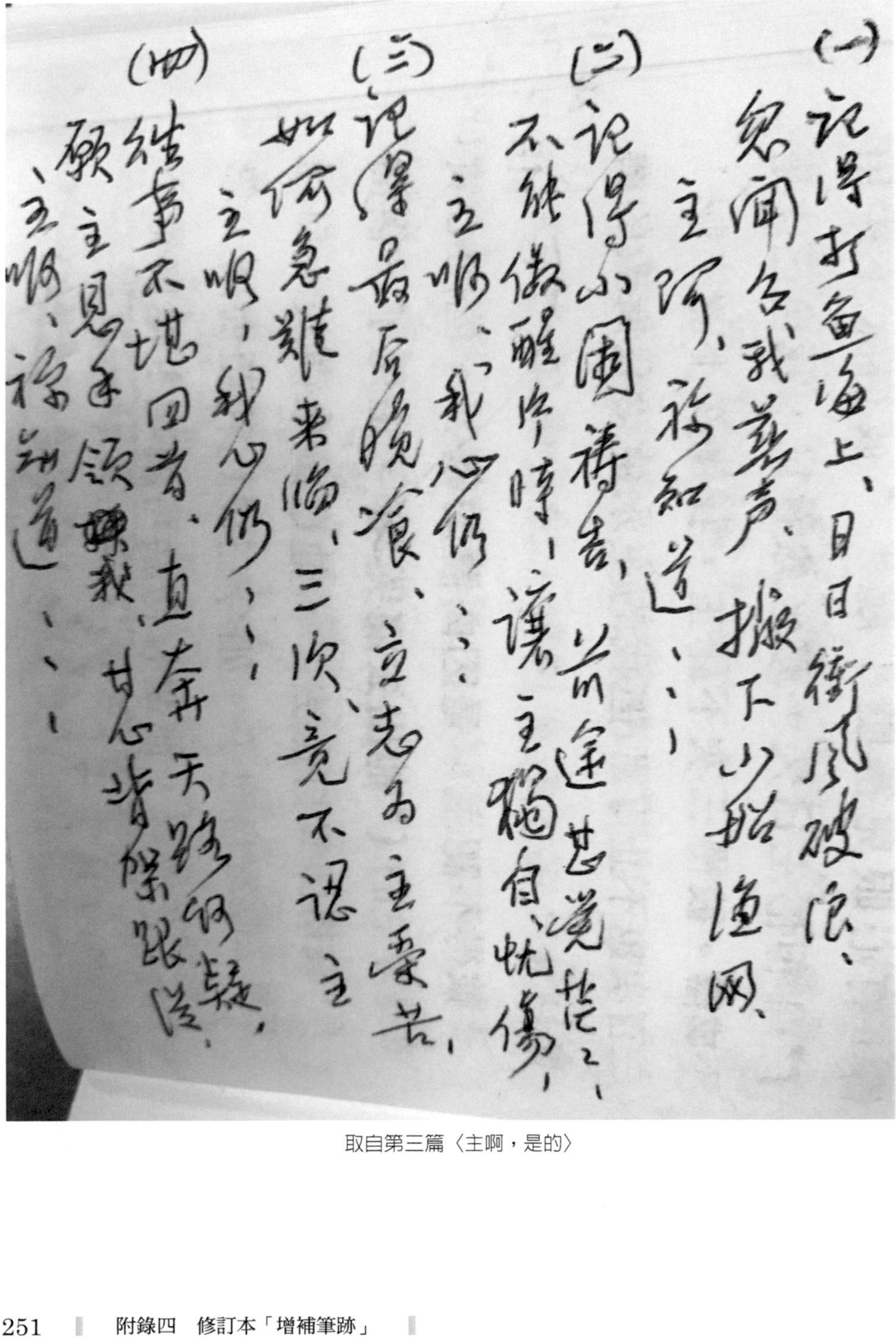
(一) 記得打魚海上、日日衝風破浪、
忽聞召我慈聲、撇下小船漁網、
主阿、祢知道、、、
(二) 記得小園禱告、前途甚覺茫茫、
不能徹醒片時、讓主獨自憂傷、
主啊、我心仍、、、
(三) 記得最后晚餐、立志為主受苦、
如今急難來臨、三次竟不認主
主啊、我心仍、、、
(四) 往事不堪回首、直奔天路何疑、
願主恩手領我、甘心背架跟從、
主啊、祢知道、、、

取自第三篇〈主啊，是的〉

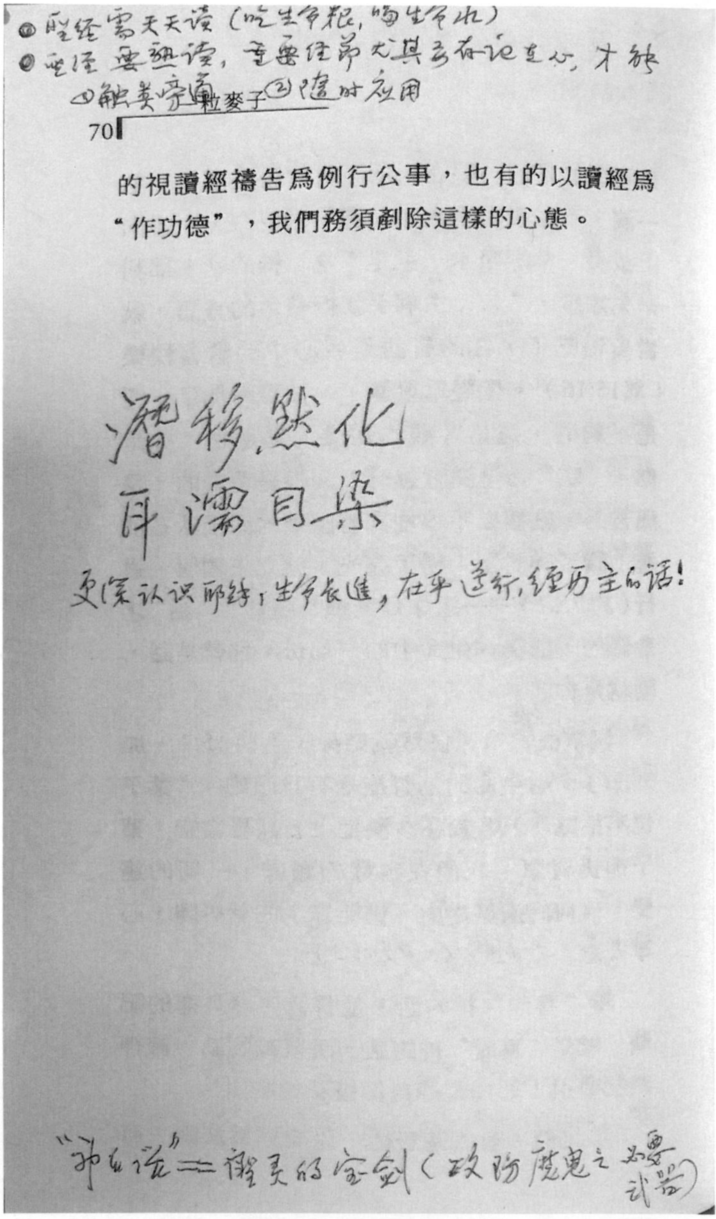

◎圣经需天天读（吃生命粮，喝生命水）
◎圣经要熟读，重要经节尤其要存记在心，才能
①触类旁通 ②随时应用

的視讀經禱告爲例行公事，也有的以讀經爲“作功德”，我們務須剷除這樣的心態。

潛移默化
耳濡目染

更深认识耶稣，生命长進，在乎遵行，經历主的話！

“神的话”＝圣灵的宝剑（攻防魔鬼之必要武器）

取自第三十篇〈默想神的話〉

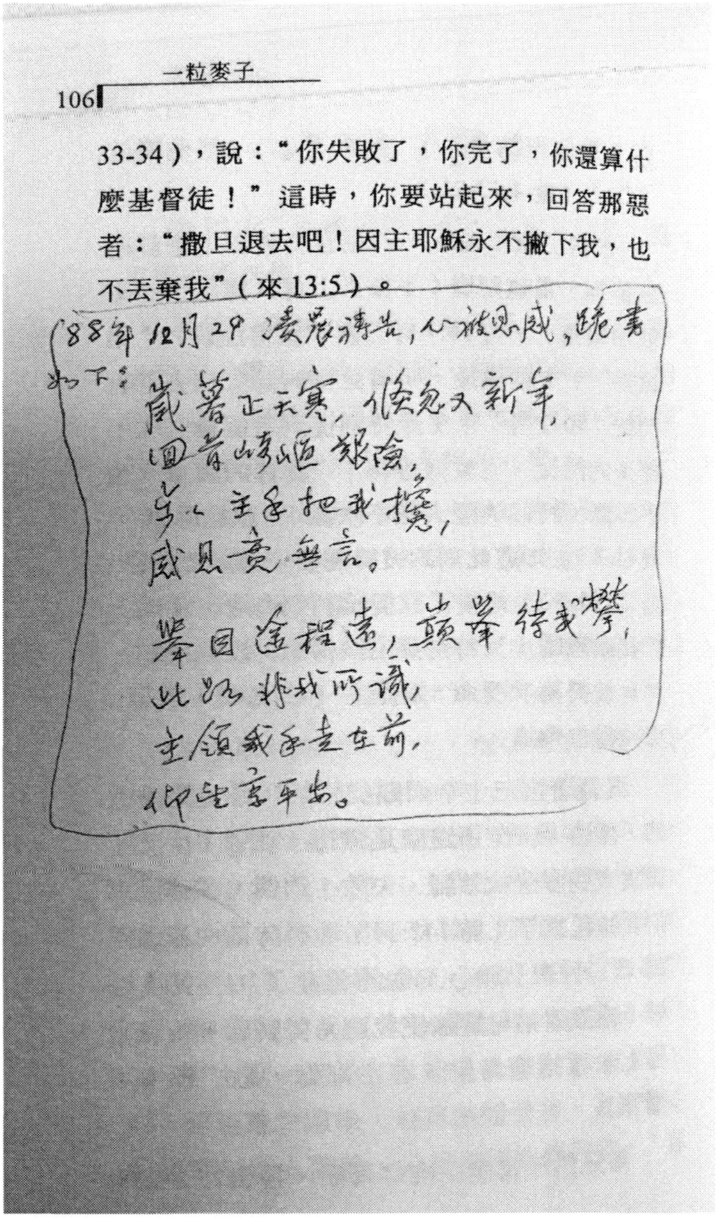

33-34），說：“你失敗了，你完了，你還算什麼基督徒！”這時，你要站起來，回答那惡者：“撒旦退去吧！因主耶穌永不撇下我，也不丟棄我”（來13:5）。

88年12月29 凌晨禱告，心被恩感，跪書如下：

歲暮正天寒，倏忽又新年，
回首崎嶇艱險，
幸幸主手把我攙，
感恩竟無言。

舉目途程遠，巔峯待我攀，
此路非我所識，
主領我手走在前，
仰望享平安。

取自第四十三篇〈主手攙扶〉

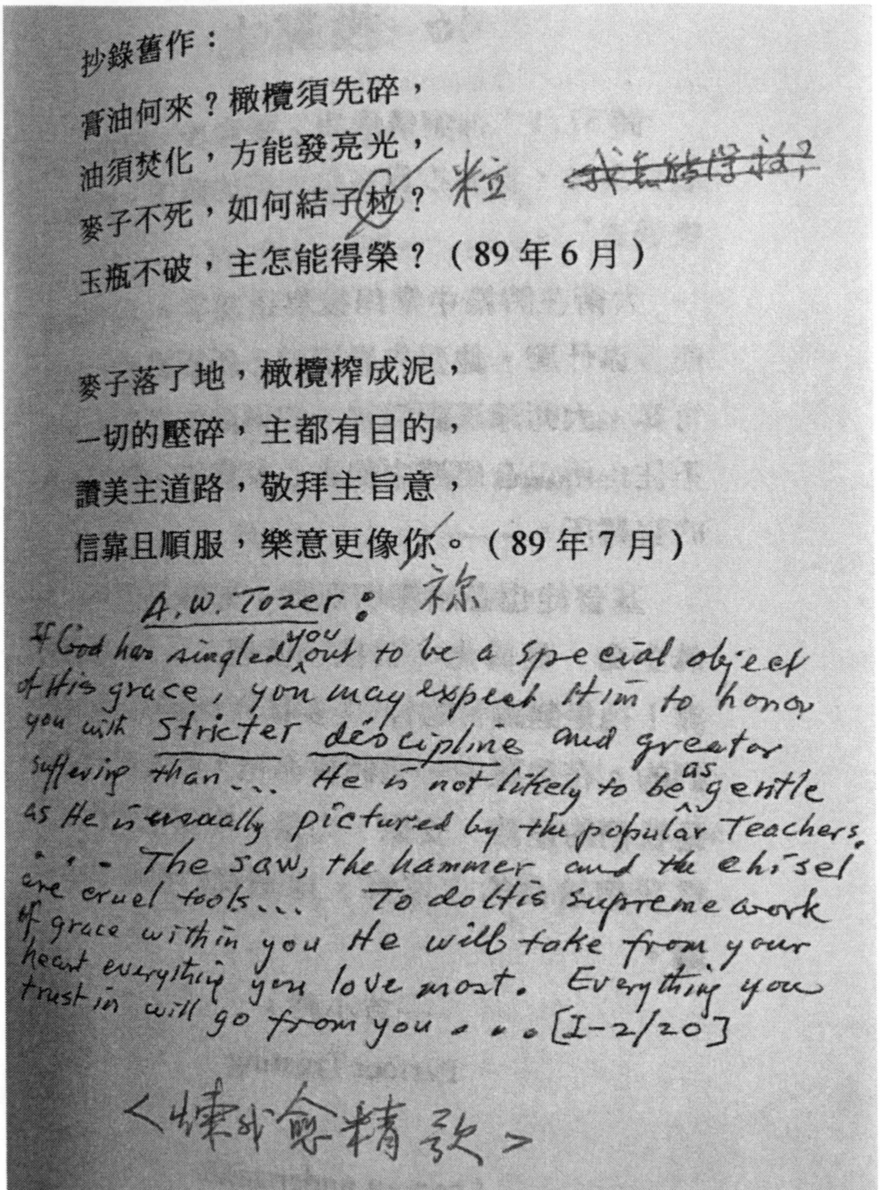

抄錄舊作：

膏油何來？橄欖須先碎，

油須焚化，方能發亮光，

麥子不死，如何結子粒？（粒）

玉瓶不破，主怎能得榮？（89 年 6 月）

麥子落了地，橄欖榨成泥，

一切的壓碎，主都有目的，

讚美主道路，敬拜主旨意，

信靠且順服，樂意更像你（祢）。（89 年 7 月）

A.W. Tozer：

If God has singled you out to be a special object of His grace, you may expect Him to honor you with Stricter décipline and greater suffering than ... He is not likely to be as gentle as He is usaally pictured by the popular Teachers. ... The saw, the hammer and the chisel are cruel tools... To do His supreme work of grace within you He will take from your heart everything you love most. Everything you trust in will go from you ... [I-2/20]

〈[illegible]精[illegible]〉

取自第四十五篇〈經過水火〉

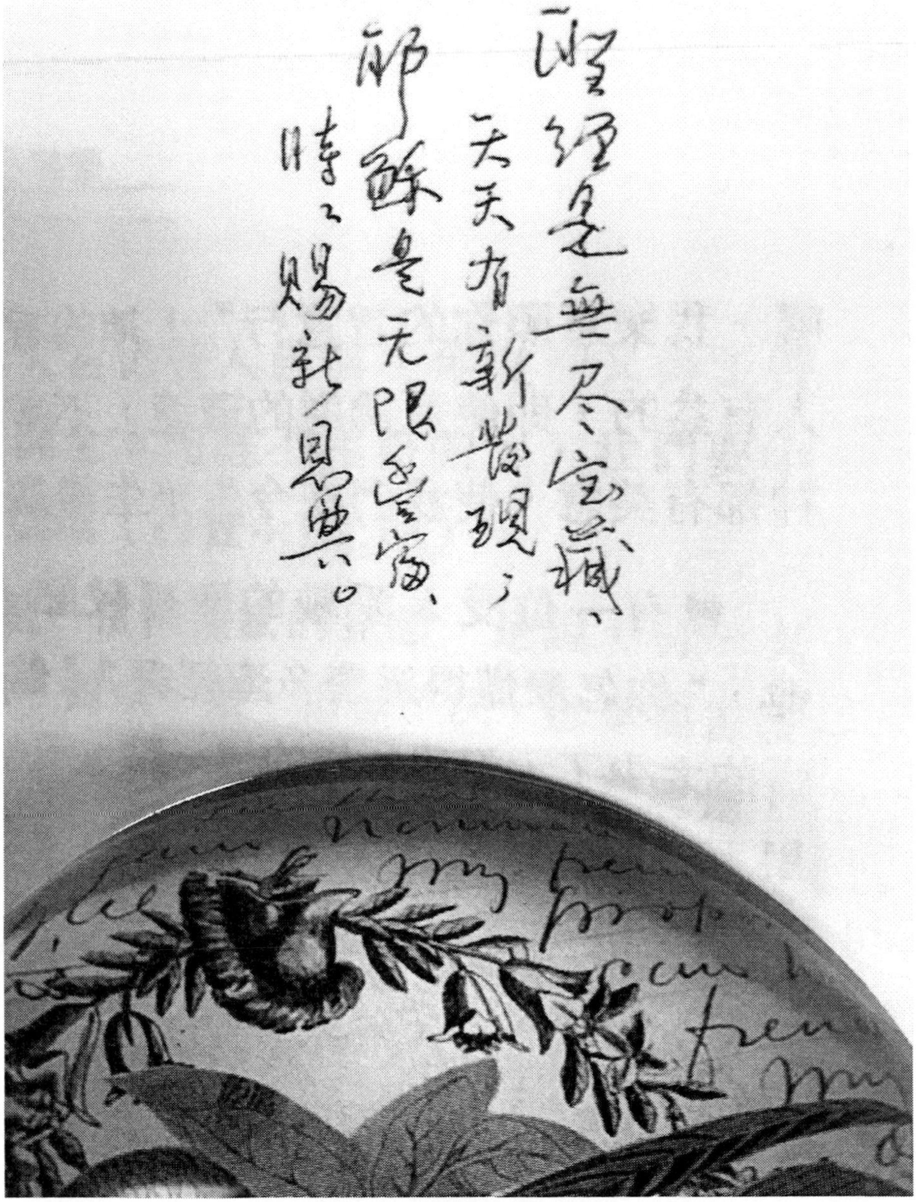
聖經是無盡寶藏、
天天有新發現；
耶穌是无限豐富、
時時賜新恩典。

取自第四十九篇〈聖經是神默示〉

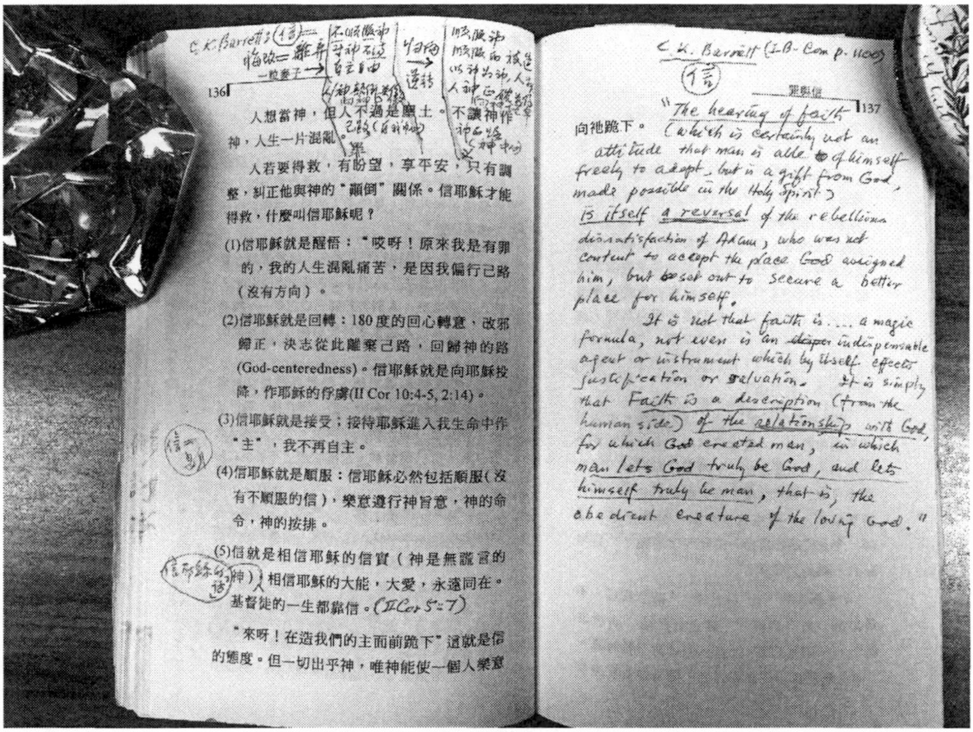
136
人想當神，但人不過是塵土。不讓神作神，人生一片混亂。
人若要得救，有盼望，享平安，只有調整，糾正他與神的"顛倒"關係。信耶穌才能得救，什麼叫信耶穌呢？
(1)信耶穌就是醒悟："哎呀！原來我是有罪的，我的人生混亂痛苦，是因我偏行己路（沒有方向）。
(2)信耶穌就是回轉：180度的回心轉意，改邪歸正，決志從此離棄己路，回歸神的路(God-centeredness)。信耶穌就是向耶穌投降，作耶穌的俘虜(II Cor 10:4-5, 2:14)。
(3)信耶穌就是接受；接待耶穌進入我生命中作"主"，我不再自主。
(4)信耶穌就是順服：信耶穌必然包括順服(沒有不順服的信)，樂意遵行神旨意，神的命令，神的按排。
(5)信就是相信耶穌的信實（神是無謊言的神），相信耶穌的大能，大愛，永遠同在。基督徒的一生都靠信。(II Cor 5:7)
"來呀！在造我們的主面前跪下"這就是信的態度。但一切出乎神，唯神能使一個人樂意
罪與信
137
向祂跪下。
C. K. Barrett (I-B-Com p. 1100)
"The hearing of faith (which is certainly not an attitude that man is able of himself freely to accept, but is a gift from God, made possible in the Holy Spirit) is itself a reversal of the rebellious dissatisfaction of Adam, who was not content to accept the place God assigned him, but set out to secure a better place for himself.
It is not that faith is .... a magic formula, not even is an indispensable agent or instrument which by itself effects justification or salvation. It is simply that Faith is a description (from the human side) of the relationship with God, for which God created man, in which man lets God truly be God, and lets himself truly be man, that is, the obedient creature of the loving God."

取自第五十四篇〈罪與信〉

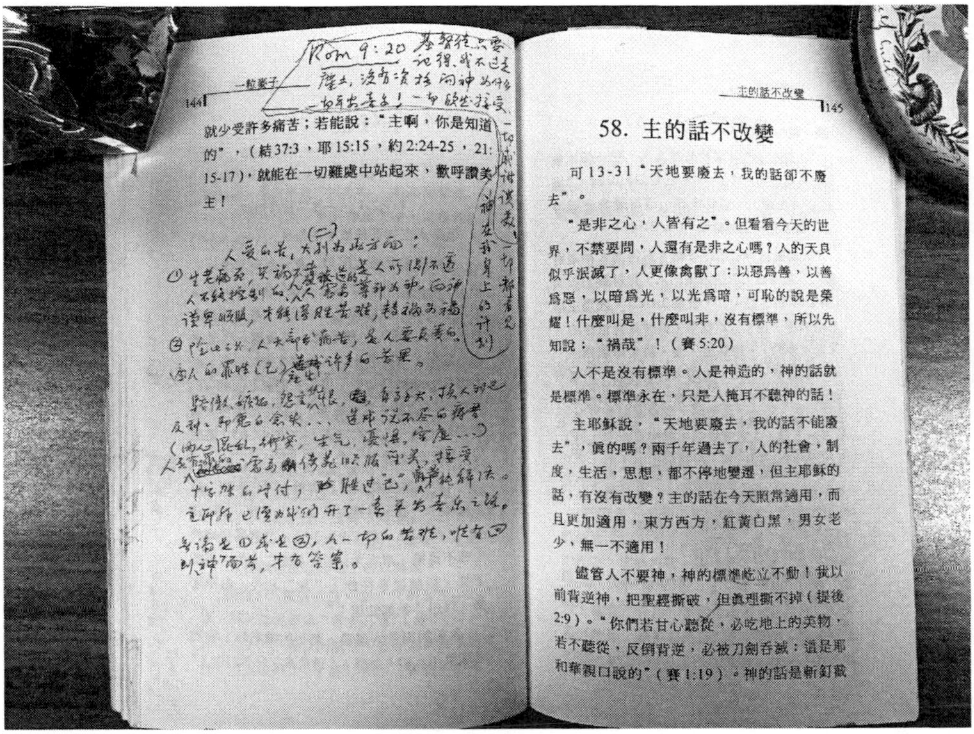

就少受許多痛苦；若能說："主啊，你是知道的"，（結37:3，耶15:15，約2:24-25，21:15-17），就能在一切難處中站起來，歡呼讚美主！

58. 主的話不改變

可13-31"天地要廢去，我的話卻不廢去"。

"是非之心，人皆有之"。但看看今天的世界，不禁要問，人還有是非之心嗎？人的天良似乎泯滅了，人更像禽獸了：以惡爲善，以善爲惡，以暗爲光，以光爲暗，可恥的說是榮耀！什麼叫是，什麼叫非，沒有標準，所以先知說："禍哉"！（賽5:20）

人不是沒有標準。人是神造的，神的話就是標準。標準永在，只是人掩耳不聽神的話！

主耶穌說，"天地要廢去，我的話不能廢去"，真的嗎？兩千年過去了，人的社會，制度，生活，思想，都不停地變遷，但主耶穌的話，有沒有改變？主的話在今天照常適用，而且更加適用，東方西方，紅黃白黑，男女老少，無一不適用！

儘管人不要神，神的標準屹立不動！我以前背逆神，把聖經撕破，但真理撕不掉（提後2:9）。"你們若甘心聽從，必吃地上的美物，若不聽從，反倒背逆，必被刀劍吞滅：這是耶和華親口說的"（賽1:19）。神的話是斬釘截

取自第五十七篇〈測不透〉

一粒麥子

164

根據。教會史上每一次復興，總是由於在保羅書信中發現新的眞理。馬丁路德因重新發現"因信稱義"的眞理，才能推翻羅馬天主教千餘年的背道，腐敗，暗無天日的統治。

保羅是一個個性專注的人，凡事絕不妥協。他逼迫教會，就趕盡殺絕（加1:13）（徒8:3），他跟從耶穌，就爲主拼命（徒15:26，21:13，腓1:20-21）。想到他何以忽然之間在大馬色有這樣澈底，立刻的改變，實在無法解釋，只能說是神奇妙的作爲。

再者，保羅的出身和背景，非同尋常：他是純種希伯來人，亞伯拉罕嫡系後裔，是法利賽人，又受教於名師，是年青的神學家，學貫兩希，守律法無可指責，熱心事神，逼迫教會，他的前途似錦！何以一夕之間竟把這一切優越條件都棄之不顧呢？（腓3:7-8）何以他竟能突破猶太人沉重的傳統（種族，宗教，文化）的束縛呢？奇妙！

保羅未曾跟過肉身的耶穌，他怎能知道主的心（林前2:16，腓2:5），又怎能"深知基督的奧秘"（弗3:3-4），又何以他的教訓與主的教訓若合符節呢？保羅未曾求教於主的大使徒（加1:1，1:11，1:18-19），而他的教訓，他所

取自第六十六篇〈奇妙的保羅〉

我在主裡面，
主在我裡面，
問我何所見，
欲辨已忘言。

〈9-24-00 感记〉

门徒三年跟主，只见肉眼的耶稣；直到主死，主复活，当下醒悟，才看见灵眼的耶稣。

今日主离世中，我们读经只能见肉眼的耶稣；只需藉祷告，灵醒悟，才能有偶"透过肉眼进入灵眼"的经历。

無限伟大的主耶稣，
無比荣耀的十字架，
心想不尽，口说不尽，
感谢不尽，赞美不尽。

取自第七十六篇〈不憑眼見〉

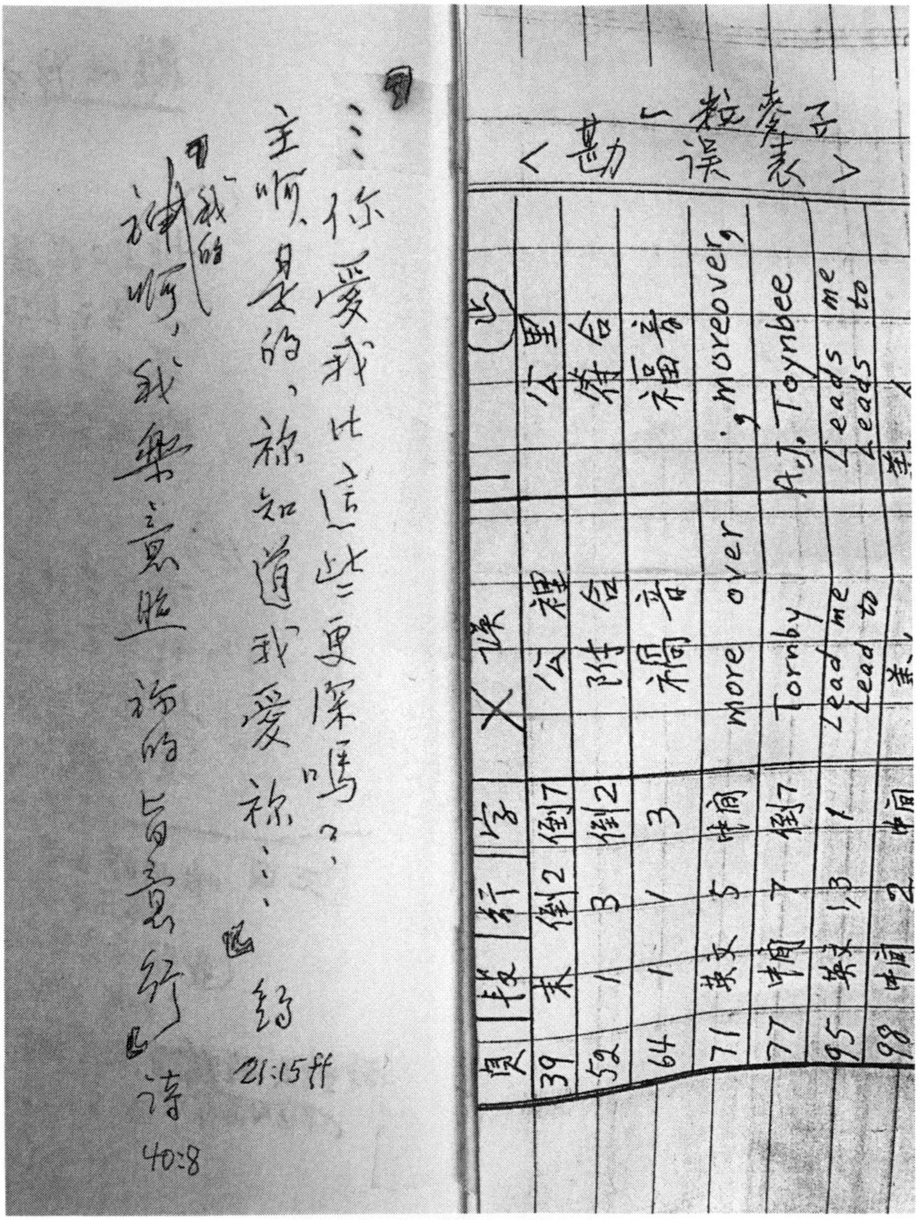

取自《一粒麥子》「自用本」末頁

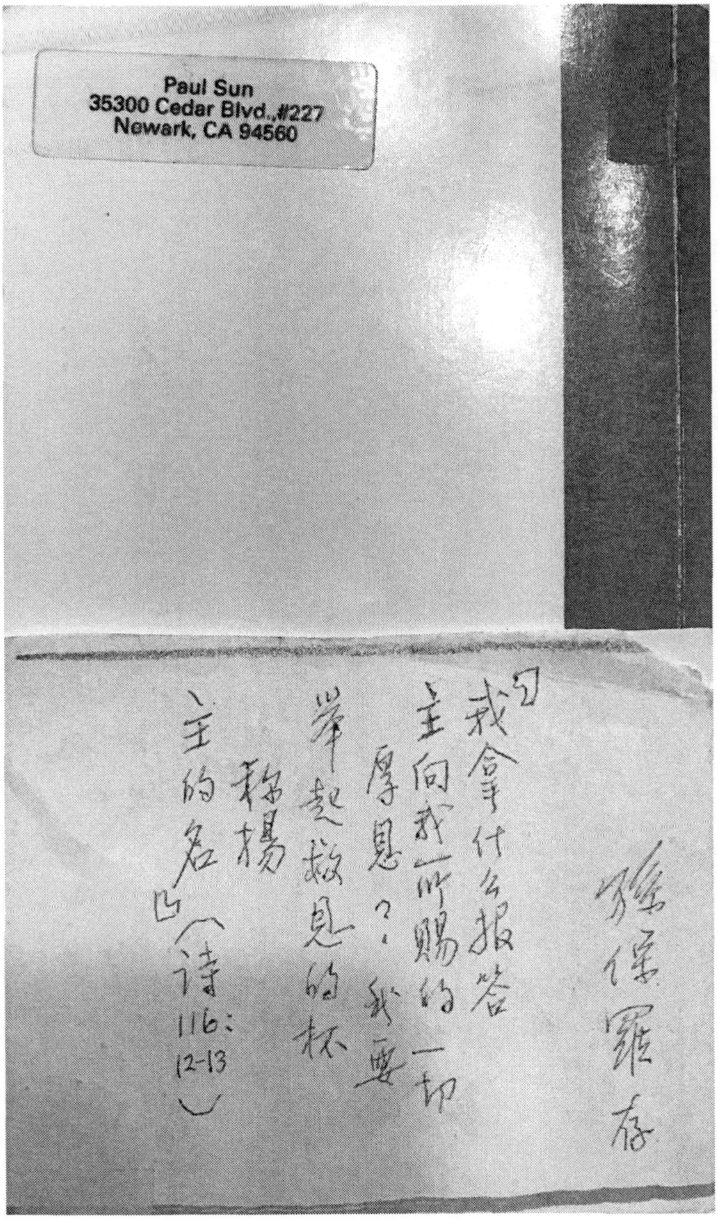

《一粒麥子》「自用本」封底題字

宗教命理類　PG2141　光與鹽02

一粒麥子（修訂本）

作　　者／孫保羅
編　　註／孫康宜
責任編輯／杜國維
圖文排版／楊家齊
封面設計／楊廣榕

發 行 人／宋政坤
法律顧問／毛國樑　律師
出版發行／秀威資訊科技股份有限公司
114台北市內湖區瑞光路76巷65號1樓
電話：+886-2-2796-3638　傳真：+886-2-2796-1377
http://www.showwe.com.tw
劃撥帳號／19563868　戶名：秀威資訊科技股份有限公司
讀者服務信箱：service@showwe.com.tw
展售門市／國家書店（松江門市）
104台北市中山區松江路209號1樓
電話：+886-2-2518-0207　傳真：+886-2-2518-0778
網路訂購／秀威網路書店：https://store.showwe.tw
國家網路書店：https://www.govbooks.com.tw

2019年9月　BOD一版
定價：450元

國家圖書館出版品預行編目

一粒麥子(修訂本) / 孫保羅著 ; 孫康宜編註. --
一版. -- 臺北市 : 秀威資訊科技, 2019.09
面 ;　公分. -- (宗教命理類 ; PG2141)(光與鹽 ; 2)
BOD版
ISBN 978-986-326-720-1(平裝)

1. 基督徒 2. 靈修

244.93　　108012689

讀者回函卡

感謝您購買本書，為提升服務品質，請填妥以下資料，將讀者回函卡直接寄回或傳真本公司，收到您的寶貴意見後，我們會收藏記錄及檢討，謝謝！如您需要了解本公司最新出版書目、購書優惠或企劃活動，歡迎您上網查詢或下載相關資料：http:// www.showwe.com.tw

您購買的書名：________________________________

出生日期：________年________月________日

學歷：□高中（含）以下　□大專　□研究所（含）以上

職業：□製造業　□金融業　□資訊業　□軍警　□傳播業　□自由業

□服務業　□公務員　□教職　□學生　□家管　□其它_____

購書地點：□網路書店　□實體書店　□書展　□郵購　□贈閱　□其他

您從何得知本書的消息？

□網路書店　□實體書店　□網路搜尋　□電子報　□書訊　□雜誌

□傳播媒體　□親友推薦　□網站推薦　□部落格　□其他__________

您對本書的評價：（請填代號　1.非常滿意　2.滿意　3.尚可　4.再改進）

封面設計____　版面編排____　內容____　文／譯筆____　價格____

讀完書後您覺得：

□很有收穫　□有收穫　□收穫不多　□沒收穫

對我們的建議：________________________________

____

____

____

請貼
郵票

11466
台北市內湖區瑞光路 76 巷 65 號 1 樓
秀威資訊科技股份有限公司 收
BOD 數位出版事業部

....

（請沿線對折寄回，謝謝！）

姓　　名：＿＿＿＿＿＿＿＿　年齡：＿＿＿＿　性別：□女　□男

郵遞區號：□□□□□

地　　址：＿＿＿＿＿＿＿＿＿＿＿＿＿＿＿＿＿＿

聯絡電話：(日)＿＿＿＿＿＿＿＿(夜)＿＿＿＿＿＿＿＿

E-mail：＿＿＿＿＿＿＿＿＿＿＿＿＿＿＿＿＿＿